Roberto Azaretto

Los JESUITAS EN EL TUCUMÁN
EL LEGADO EN SANTIAGO DEL ESTERO

San Iago *Editora*

UNIVERSITAS

UNIVERSITAS
Editorial Científica Universitaria

Azaretto, Roberto A.

Los Jesuitas en el Tucuman : el legado en Santiago del Estero / Roberto
A. Azaretto. - 1a ed . - Córdoba : Universitas - Editorial Científica
Universitaria, 2019.
204 p. ; 23 x 16 cm.

ISBN 978-987-572-344-3

1. Análisis Histórico. I. Título.
CDD 982

Los Jesuitas en el Tucumán
El legado en Santiago del Estero

Autor: Roberto Azaretto
Corrección: Leonardo Schiano
Edición: Graciela Paladea
Diseño de portada: Iñaqui Ortega
Maquetación: Iñaqui Ortega

1ª Edición
Libro de edición argentina
Queda hecho el depósito que establece la Ley 11.723

Impreso en Córdoba, Argentina.

San Iago *Editora*

UNIVERSITAS
Editorial Científica Universitaria

Obispo Trejo 1404. 2 Piso. Of. "B". Córdoba. Argentina
Te: 54-9-351-153650681.
Email: universitaslibros@yahoo.com.ar – www:universitaseditorial.com

UNIVERSITAS
Editorial Científica Universitaria

Los Jesuitas en el Tucumán
El Legado en Santiago del Estero

San Iago *Editora*

UNIVERSITAS

San Iago *Editora*

UNIVERSITAS
Editorial Científica Universitaria

Sumario

UNIVERSITAS
Editorial Científica Universitaria

Prólogo

La obra universal de la Compañía de Jesús, fundada a mediados
del siglo XVI, mantiene extraordinaria vigencia, a pesar del paso
del tiempo, de la disminución de vocaciones, y de los obstáculos
que se presentan en la actualidad para una empresa de carácter
espiritual, dependiente del Pontífice Romano. No obstante, la
orden ignaciana ha logrado adaptarse a los tiempos sin perder lo
esencial de su legado, aquello que los fundadores imaginaron en
sus reuniones de París y juraron cumplir antes de dispersarse por
los senderos del mundo.

Roberto Azaretto, autor de numerosos trabajos sobre la historia política argentina, algunos de tono polémico, como Ni década
ni infame (1991), emprende en este libro un viaje a los orígenes
del país, con epicentro en la provincia santiagueña. Realiza su
travesía de varios siglos de la mano de los religiosos jesuitas. Por
eso el relato histórico se remonta al siglo XV, cuando nació Ignacio de Loyola y continúa narrando cómo los jesuitas, en su papel
de misioneros, se constituyeron en agentes de la primera globalización. Portadores en sus viajes del mensaje de la fe católica,

también aprendieron a reconocer las virtudes del otro, tal como sucedió con el Padre Mateo Ricci en la China Imperial.

Trasladada al Nuevo Mundo, la Compañía fundó seminarios, universidades, colegios, reducciones de indios, y estancias. Educó a las elites criollas, así como a los esclavos de sus rancherías. Se desempeñó como auxiliar de la corona en la dominación de los territorios hostiles al español y, al mismo tiempo, cuestionó el maltrato al indígena y exigió el cumplimiento de las leyes más benignas. Al estudio de las lenguas indígenas para poder predicar, se sumó la descripción exhaustiva de la naturaleza americana, del Orinoco al Chaco Gualamba, del territorio ecuatoriano al reino de Chile. El culto por la virgen de Guadalupe, factor aglutinante de la identidad mexicana, fue impulsado por los jesuitas.

Azaretto se ocupa especialmente de su contribución a la formación de la provincia de Santiago del Estero, labor que comenzó en tiempos de los obispos Francisco de Victoria y Trejo y Sanabria, y que se desarrolló a pesar de las dificultades que planteaban los pobladores encomenderos, aspirantes a manejarse por su cuenta sin respetar las leyes de Indias.

Personalidades que se destacan en este libro y que, sin duda, merecen un reconocimiento histórico son las del padre Diego de Torres, que contribuyó con su bondad y sapiencia las célebres Ordenanzas dictadas por el Oidor Alfaro. Otros capítulos se refieren a la fundación de reducciones de pueblos vilelas y abipones en la frontera chaqueña, y al abandono en que cayeron estos incipientes poblados a raíz de la expulsión de la Compañía por orden de Carlos III. No olvida mencionar la contribución a la fundación a las patrias americanas de los escritos de los religiosos expulsados, como el mexicano Francisco Clavijero, el mendocino Godoy y el arequipeño Viscardo y Guzmán, quien señaló el camino de la independencia como el mejor remedio para el incurable despotismo de los Borbones.

La obra incluye referencias a los símbolos más valorados por la feligresía santiagueña, la réplica de la Sábana Santa y la Cruz de

Matará, cuya simbología explica. Y como corresponde a un relato centrado en esta provincia, cuya capital es considerada "madre de ciudades", dedica varias páginas a María Antonia de Paz y Figueroa, que tomó la posta de los jesuitas expulsados, predicó ejercicios espirituales, ofició de árbitro en las rencillas de la ciudad colonial, y hoy aspira al máximo reconocimiento de Su Santidad.

Azaretto cierra el libro con referencias al regreso de la Compañía al país en el siglo XIX y a las responsabilidades que asumieron en tiempos recientes con eficacia y entereza, en la región más abandonada de Santiago del Estero, en una demostración más de que los jesuitas conservan intacta su capacidad de responder a los desafíos actuales sin perder sus raíces históricas.

María Sáenz Quesada

UNO

El contexto

La orden de los jesuitas fue fundada por San Ignacio de Loyola, un español proveniente del País Vasco. Es interesante, entonces, referirnos a la España en la que nace Ignacio y a la personalidad del fundador.

Cuando Ignacio de Loyola llega al mundo, España está culminando el proceso de unificación que promueve el casamiento de Isabel, reina de Castilla, con Fernando, rey de Aragón. Ambos emprenden la ofensiva contra el último de los reinos moros, el de Granada, al que conquistan en 1492, año del descubrimiento del continente americano por Cristóbal Colón, expedición que cuenta con el patrocinio del reino de Castilla y la financiación de la banca genovesa.

La Europa del siglo XV tenía cinco mil unidades políticas independientes, la mayoría baronías, los cambios que se producen en el siglo XVI llevan a doscientas las soberanías existentes a fin de este siglo. Es que los territorios que abarcan el Sacro Imperio Romano Germánico, la Italia y los países del este no logran constituir estados sólidos y mantienen solo lazos feudales que perdurarán por largo tiempo. La unidad de Castilla y Aragón será clave en los acontecimientos posteriores.

Castilla era un reino Atlántico, con un desarrollo importante; la Corte, había evaluado, la posibilidad, del casamiento de Isabel con el rey de Portugal, otro reino atlántico, que había iniciado una expansión naval que, por ese tiempo, avanzando sobre las costas atlánticas africanas, lograron circunnavegar el continente africano, entrar al océano Índico y arribar a las costas de la India.

Aragón era una potencia mediterránea, cuyo monarca poseía parte de la Italia Meridional, como el reino de Nápoles y el de Sicilia, y disputaba con la República de Génova, el control de Córcega y con el Papado la preponderancia en Italia. Pero todos tenían un enemigo común: el Imperio Otomano que pretendía avanzar hacia Occidente.

Precisamente, la caída de Constantinopla en manos de los turcos, conducidos por la dinastía otomana en 1453, había traído enormes perturbaciones a la economía europea al perder, las repúblicas mercantiles italianos, como Venecia, Génova, Florencia, el control del comercio del Oriente que traía las sedas, las especias y las porcelanas de China, la India, las Islas del Pacífico, en largas caravanas terrestres hacia los puertos del Mediterráneo Oriental.

Aún pesaba, además, en las mentalidades de la época la cuestión del acceso a los lugares sagrados del cristianismo, a Tierra Santa, que habían motivado las Cruzadas y la ocupación temporaria de Jerusalén por parte de ejércitos cristianos. Precisamente, uno de los argumentos de Cristóbal Colón para convencer a Isabel, sobre el patrocinio de su proyecto de navegación al Oeste para llegar a las Indias era la obtención de riquezas que permitiera financiar una expedición militar para rescatar el santo sepulcro de Jerusalén de los musulmanes.

Es un tiempo donde coexiste el pensamiento medieval, pero se está gestando el mundo moderno con el "renacimiento", que se inicia en Italia, adonde llegan personalidades cultas del Imperio Bizantino, que huyen de los turcos y los jefes de esos estados peninsulares, los más ricos del mundo de entonces, promueven las artes y las ciencias.

Es el mundo donde Nicolás Copérnico anuncia que este planeta no es el centro del Universo y que la tierra es un simple planeta que gira alrededor del Sol, una verdadera revolución que concluye con el mapa de Tolomeo. Es lo que cree Colón con la idea de la redondez de la tierra y la posibilidad de llegar a las Indias por el Oeste, ya que el camino tradicional. Este está cerrado por los turcos y la circunvalación del África está en manos portuguesas.

También es el tiempo en que son expulsados los judíos de los reinos de España, salvo que se conviertan, conversión a la que son obligados los moros, que serán duramente combatidos décadas después en la Andalucía ante la sospecha que siguen practicando su religión y son los años del inicio de la reforma cuando Martín Lutero reacciona contra la venta de indulgencias, que el Papa, le encarga a una casa bancaria para financiar la construcción de la Basílica de San Pedro, proceso que generará la división del cristianismo occidental y llevará, a la mayor parte de los pueblos germánicos y anglosajones, a engrosar las filas protestantes.

La España de los reyes católicos emprende también la conquista del reino de Navarra, y será protagonista del siglo que se inicia, el XVI, con la incorporación de los territorios americanos, que le darán, a la corona, ingresos extraordinarios por las riquezas de los imperios aztecas e incaico y las minas de oro y plata de México, Perú y el cerro del Potosí.

Ese reino unido que a partir de la gramática de Nebrija impondrá el castellano como idioma de los españoles, casa a su heredera, Juana con Felipe de Habsburgo. La otra hija Catalina, será la esposa del heredero inglés de la nueva dinastía de los Tudor, Arturo, pero muerto este, antes del casamiento, la casan con su hermano, el futuro Enrique VIII. Las vinculaciones entre ingleses y castellanos en la edad media fueron muy importantes, hubo varios enlaces entre las casas reales de Castilla y los Plantagenet. El rey Ricardo Corazón de León participó en combates contra los moros en España y hubo varios centenares de ingleses en la batalla final por el reino de Granada. Este vínculo se pudo haber recompuesto con el casamiento de María Tudor con Felipe II, pero los errores cometidos y la falta de un heredero influyeron en los sucesos posteriores.

Del casamiento de Juana de Castilla y Aragón con Felipe nace Carlos I de España y Carlos V de Alemania. Es descendiente de los reyes españoles y su herencia americana e italiana y del duque de Borgoña, del que recibe los países bajos (Bélgica, Holanda, Luxemburgo) que, con las ciudades italianas, son los sitios más ricos del mundo de entonces y posesiones alemanas que le llevarán al trono imperial. También a los conflictos, porque en sus dominios alemanes, tiene lugar la Reforma y, por otra parte, su Imperio, es limítrofe con el Imperio Otomano.

En Castilla, que había sido en tiempos de Alfonso X, el sabio, un ejemplo de convivencia entre los sabios de las tres religiones monoteístas, el cristianismo, el judaísmo y el islam, no solo se expulsa a los que no son cristianos, sino que también se instala el Santo Oficio o Inquisición para vigilar a los cristianos nuevos, así llamados por ser conversos de origen judío o musulmán.

El pueblo español ha recibido a lo largo de siglos, además de su población de íberos y celtas y las tribus vascongadas, a los fenicios, griegos, cartagineses, romanos, vándalos, godos, árabes, y las tribus argelinas y marroquíes. El dominio de las tribus árabes y marroquíes fue de ocho siglos, por lo tanto, hubo una gran mezcla racial que llevó además a una interrelación entre los reinos moros y cristianos donde sus reyes fueron enemigos y aliados, y no evitaron las relaciones conyugales entre ellos. Esto generó una gran pertenencia y arraigo al suelo que fueron llevando a judíos y árabes a sentirlo como propio y crear un tipo racial el español, distinto al europeo del otro lado de los Pirineos porque en un nativo de España están mezcladas las sangres de los arios y los semitas fruto de los largos siglos de convivencia, de paz y de guerras.

La llegada de Carlos al trono de los reinos españoles no estuvo exenta de conflictos. Era un desconocido en esas tierras, pues se había criado en Flandes y apenas hablaba castellano.

Castilla era un reino con instituciones que se fueron consolidando a lo largo de su historia. Las ciudades tenían fueros y privilegios reconocidos por sus monarcas y el desenvolvimiento económico de sus gentes era importante. Los castellanos estaban demostrando su valor, como lo hicieron sus antecesores en la reconquista peninsular, en las expediciones al nuevo mundo. Muchos de esos conquistadores eran personas del común, algunos hijos de simples labradores, como los hermanos Pizarro.

Era Castilla una monarquía limitada por los fueros reconocidos a sus pueblos y ciudades. La llegada de Carlos I con sus funcionarios extranjeros y con una idea del poder real absoluto provocó la reacción de los comuneros de Castilla, en defensa de sus libertades tradicionales. Fueron derrotados y ahí tomó impulso el proceso de decadencia de España, iniciado con la expulsión de los moros y judíos que fueron en parte al Imperio Otomano, donde, en el caso de los judíos, conservaron el uso de un castellano antiguo y otros a Portugal y luego, cuando Felipe II logró el trono portugués, unificando la península ibérica por sesenta años, a los países bajos. Allí contribuirán al fortalecimiento de Holanda y su conversión en gran potencia naval y comercial.

Por otro lado, España, perderá el manejo del riego de los moros y del que Granada es un ejemplo, se limitará el desarrollo financiero e industrial. Castilla era exportadora de tejidos y metalurgia; antes de finalizar el siglo, los tejidos ingleses sustituirán en la península a los castellanos. Pero además se perderá el impulso emprendedor de la gente común que ambiciona escalar posiciones económicas y sociales, y será reemplazado por la burocracia real con las limitaciones, las corruptelas y la mediocridad de todas las burocracias de las autocracias.

Pero en esa época, las campañas militares de los tercios españoles en las guerras europeas, financiadas con las riquezas de las posesiones de Flandes e Italia y con los metales preciosos de América, y la expansión por todo el globo de los dominios de Carlos V emperador dio la engañosa sensación que algunos aún sostienen en estos tiempos, de una España superpotencia de la época, confundiendo el poder del monarca con el poder nacional. En el siglo siguiente estallará la realidad, aunque en los tiempos de Felipe II ya la corona no solo se endeudaba, sino que entraba en cesación de pagos y prohibía el avance sobre territorios inexplorados en América controlados por las tribus americanas.

Sucedió con las tierras al norte de México, en lo que ahora es los Estados Unidos o en la prohibición a Hernandarias para avanzar en la Banda Oriental y hacia Rio Grande al sur del Brasil o en el Chaco.

DOS

Ignacio de Loyola

Ignacio de Loyola nace el 24 de octubre de 1491 en el castillo de la familia en Azpeitía. Son sus padres Beltrán Yáñez de Oñaz y Loyola, señor de la Casa de Loyola y Azpeitía, y Doña Marina Sáez de Licona y Balda, nacida en la Casa Torre de Licona, en la aldea de Ondarroa, en la Vizcaya-Ignacio. Es el menor de tres hermanos y es enviado en 1507 a la Corte de Castilla, donde permanece en distintas funciones al servicio del Contador Real hasta 1518. Luego pasa a servir al Duque de Nájera, Antonio Manrique de Lara, virrey de la Navarra, reino anexado a la corona por Fernando de Aragón en 1512.

Ignacio de Loyola o Iñigo, como firmaba entonces, participa de la guerra con las comunidades de Castilla en 1520 y dos años después está al frente de 300 soldados castellanos que defienden a Pamplona de una invasión del rey de la Navarra francesa y de tropas del reino de Francia, a los que se suman sublevados del país vasco del lado hispano de los Pirineos. Con sus 300 hombres enfrenta el ataque de 12 mil soldados enemigos hasta que una bala de cañón le fractura una pierna. Para reponerse regresa al castillo familiar y, ante la falta de libros de caballería, lee libros sobre vida de santos. Inicia así la transformación de un caballero militar en un religioso, transformación de enormes consecuencias para el catolicismo, el imperio español, América y extensas regiones del mundo no cristiano.

Sabemos de su transformación por su autobiografía y por su publicación de los Ejercicios Espirituales. Refiriéndose a esos meses postrado en su cama, mientras se recuperaba de las heridas recibidas en la batalla de Pamplona dice: "Cuando pensaba en aquello del mundo, se deleitaba mucho, más cuando después de cansado lo dejaba, hallábase seco y descontento; y cuando en ir a Jerusalén descalzo, y en no comer sino yerbas, en hacer todos los demás rigores que veía haber hecho los santos; no solamente se consolaba cuando estaba en tales pensamientos, más aun después de dejando, quedaba contento y alegre". Estas reflexiones lo llevan a la conversión y toma la decisión de ir a Jerusalén en busca de las huellas de Jesús.

Se dirige al monasterio benedictino de Monserrat. Pasa una noche en vela frente al altar con la imagen de la Virgen María y el niño y, ante ella deposita sus armas de caballero. Luego se traslada a la aldea catalana de Manresa, donde permanece un año y un día sentado a orillas del río Cardener y siente que se le ilumina el alma: "Se le empezaron abrir los ojos del entendimiento; y no que viese alguna visión, sino entendiendo y conociendo muchas cosas, tanto de cosas espirituales, como de cosas de la fe y de letras; y esto con una ilustración tan grande, que le parecían todas las cosas nuevas".

Parte a Jerusalén y a su regreso, a Barcelona y Alcalá, donde estudia gramática y latín. En Salamanca es interrogado por la Inquisición como sospechoso, pero sale absuelto y se dirige a París a estudiar en la Sorbona, en febrero de 1528. Comparte una habitación con Pedro Fabro de Saboya y Francisco Javier de Navarra, jóvenes estudiantes de 23 años. En 1533 obtiene el título de Maestro de Artes que lo habilita para enseñar filosofía y teología.

Sus compañeros de cuarto empiezan a entusiasmarse con la idea de Ignacio, que deja el Iñigo por el latinizado Ignatius, de vivir una vida austera siguiendo a Cristo. Incluso Francisco Javier, que tenía grandes ambiciones materiales y de honores para su vida, queda impactado por las frases de Mateo que Ignacio repetía constantemente: "De qué sirve al hombre ganar el mundo entero si pierde su alma" (Mateo 16,26).

A los tres estudiantes amigos se agregan el portugués Simón Rodríguez y los españoles Diego Láinez, Alfonso Salmerón y Nicolás de Bobadilla. Estos siete hombres deciden ser sacerdotes, ir a Jerusalén a servir o a Roma para presentarse al Papa "a fin de que los envíe adonde sea más favorable a la gloria de Dios y la utilidad de las almas". Se dan un año de plazo para reunirse en Venecia y partir a esos destinos, pero la enfermedad de Ignacio, que regresa a su lugar de nacimiento para reponerse, posterga el encuentro hasta 1537. Antes han sellado sus votos en una misa presidida por Fabro, ya ordenado sacerdote, en la capilla de Montmartre el 15 de agosto de 1534.

En Venecia, ya en 1537, se encuentran y se agregan otros nuevos integrantes del grupo como los franceses Claudio Jayo, Pacasio Broet y Juan Bautista Codiere. La guerra con los turcos dificulta e impide el viaje al Santo Sepulcro, no hay barcos que partan para ese destino y entonces van a Roma. En Venecia adoptan el nombre de Compañía de Jesús y agregan a sus nombres las letras SJ (SocietateJesu en latín).

Al año siguiente llegan a Roma. A 15 kilómetros de la ciudad sede del papado, Ignacio tiene una iluminación en la capilla que cuenta de esta manera: "Siente tal mutación en su alma y vio claramente que Dios Padre lo ponía con Cristo su hijo que no se atrevía a dudar de esto"; les dijo a sus compañeros: "He visto a Cristo con su cruz y a su lado al Padre Eterno que les decía a sus hijos 'Quiero es tomes a este como servidor y Jesús me dijo quiero que me sirvas'".

Fueron recibidos por el Sumo Pontífice en noviembre de 1538

y se ofrecen para cualquier misión que se les ordene. Siendo de países diferentes reflexionaron "más vale que permanezcamos de tal manera unidos y ligados en un solo cuerpo, que ninguna separación física, por grande que sea, nos pueda separar". Es así como deciden formar una nueva orden religiosa que obtiene, mediante bula papal del 27 de septiembre de 1540, la aprobación del Papa Paulo III.

El 17 de abril del año siguiente, después de dos votaciones, Ignacio de Loyola termina aceptando la titularidad de la flamante Compañía de Jesús.

A los votos sacerdotales tradicionales de obediencia, castidad y pobreza, los jesuitas agregan un cuarto voto especial, de obediencia al Papa para las misiones que les encomiende. Ignacio se instala en Roma en una vieja casa frente a la capilla de Nuestra Señora de la Estrada. Le dan el cuidado de la parroquia. Redacta allí las Constituciones de la orden y los Ejercicios Espirituales que son aprobados el 31 de Julio de 1548 por Paulo III. Tres años antes se inicia el Concilio de Trento que da comienzo a la contra-rreforma, que se prolonga con intermitencias por casi 20 años y da lugar a profundos cambios en la iglesia. Paulo III instruye para que los teólogos jesuitas asistan al Concilio donde tienen una gran influencia en la transformación de la iglesia y la supresión de falencias que la afectaban y desprestigiaban.

En 1550, el nuevo Papa Julio III ratifica la creación de la nueva orden religiosa. El 31 de julio de 1556 fallece Ignacio de Loyola, en ese momento había 1.032 jesuitas entre sacerdotes y hermanos, distribuidos en once provincias y 92 casas, de las cuales 33 eran colegios. Tenían casas para catecúmenos judíos y musulmanes, refugios para mujeres errantes, colectas para pobres y el rescate de prisioneros. Los jesuitas se dirigían a América, a la India, la China y el Japón. También se adentraban en las estepas del Imperio Ruso y en la Inglaterra de la Reforma anglicana.

Ignacio es beatificado en 1608 por el Papa Paulo V y Gregorio XV lo declara santo en 1622 siendo incluido su día en el santoral el 31 de julio, la fecha de su fallecimiento. Habrá numerosos jesuitas que serán santificados. Por su parte, Pío XI lo declara en 1922 Patrono de los Ejercicios Espirituales.

TRES

La Compañía de Jesús

Desde el inicio esta orden religiosa reunía a hombres de distintas naciones y razas que se ofrecieran incondicionalmente a llevar el mensaje de Jesucristo al mundo entero, hombres que fundan su espiritualidad en los Ejercicios Espirituales establecidos por San Ignacio. La finalidad de la orden está definida en las Constituciones "Defensa y Propagación de la fe" y "Promoción de la justicia". Ser jesuita es reconocer que uno es pecador pero llamado a ser compañero de Jesús como lo fue San Ignacio.

Todo tipo de apostolado que se oriente a este fin es en beneficio de "la mayor gloria de Dios y en todo amar y servir". Para cumplir con esto, Ignacio propone estos criterios para discernir el apostolado a promover: donde hay más necesidad; donde hay mayor deseo de gratitud; donde el bien sea más universal; donde el mal sea más manifiesto; donde las obras sean más urgentes; y donde el trabajo sea más importante.

A San Ignacio lo sucedió el Padre Diego Laínez y luego San Francisco de Borja, ordenado sacerdote luego de enviudar. Era el Duque de Gandía, y un hombre poderoso y rico. Durante su gestión al frente de la orden, los colegios pasan de 50 a 163 y parten desde Europa los misioneros a las costas africanas. En 1572 llegan los jesuitas a México y en 1583 el SJ Mateo Ricci entra en China. Irán a Canadá, explorarán el Mississippi, el Amazonas, y las distintas posesiones españolas.

La Compañía de Jesús se caracterizará por la disciplina de sus miembros y por la sólida formación intelectual. Precisamente una de las reformas que inspiran en el Concilio de Trento está vinculada a la formación sacerdotal, bastante precaria antes del mismo. No solo se reforman ritos, sino que enfatiza en la instalación de seminarios para la formación de los clérigos, la obligación de residir en sus jurisdicciones para obispos y párrocos, evitando la superposición de cargos, como el cumplimiento estricto del celibato. Los jesuitas están formados en Filosofía y Teología, y también en las otras ciencias y son requeridos por el Papa para el debate con los estudiosos protestantes. Algunos de ellos tienen lugar en Alemania, donde logran recuperar terreno para el catolicismo. Incluso propusieron que a Trento fueran teólogos protestantes para participar del Concilio con garantías de inmunidad. Esto no fue posible por la oposición de algunos príncipes protestantes del Imperio germánico, beneficiados con el cisma que les permitió apoderarse de bienes de la iglesia y porque algunos prelados católicos estaban dispuestos a darles la palabra, pero negándoles el voto, luego de las discusiones sobre las escrituras.

La Compañía tendrá sus apoyos pero también enemigos, tanto fuera como dentro de la iglesia, por lo pronto de las otras órdenes, y del clero secular. Es que, por ejemplo, en España, los reyes ejercían el patronato, controlando así a la iglesia, pero no lo podían ejercer sobre los Jesuitas, por su cuarto voto de obediencia exclusiva al Sumo Pontífice. Esto trajo problemas y acusaciones, incluso de herejía, y dificultades en América con gobernantes, obispos y encomenderos por su defensa de los indios.

De cualquier manera, ejercían una gran influencia en la sociedad porque en sus colegios educaban a todos, pero concurrían, por su excelencia, una gran parte de las élites de entonces, tanto las aristocráticas como la alta burguesía.

Los jesuitas siguen siendo la orden religiosa masculina con más miembros en el mundo. Hoy son cerca de 17.000 entre sacerdotes y hermanos, aunque hace un siglo eran unos 30.000, pero en 1814 cuando se restableció la orden quedaban poco más de 2.000 jesuitas. No han escapado a la disminución de vocaciones religiosas que se ha dado desde la mitad del siglo pasado como al abandono de los hábitos de gran cantidad de sacerdotes y monjas desde el Concilio Vaticano II. Se estima en 8.000 los jesuitas que dejaron los hábitos en la segunda mitad del siglo pasado, pero se percibe en estos años un aumento de los postulantes en la India, Sri Lanka y en el África Subsahariana

Los sacerdotes superan la cifra de 12.000 y el resto son hermanos, religiosos que se preparan para ser sacerdotes y novicios. Los jesuitas están agrupados en 63 provincias y 16 regiones y están presentes en 120 países. Tienen a su cargo, distribuidos en 68 estados, 207 universidades y 472 colegios secundarios, 98 técnicos y además sostienen escuelas primarias. Sus alumnos se cuentan por millones. También controlan 30 editoriales, 68 radios y 20 canales de televisión.

Los teólogos jesuitas cumplieron un rol destacado en el Concilio de Trento, la reforma católica, y recibieron con entusiasmo las nuevas reformas que se implementaron a partir del Concilio Vaticano II. Sus teólogos han tenido una gran capacidad para conciliar la fe, los evangelios y la razón, y los avances científicos. No escaparon a la censura, aunque tiempo después sus propuestas fueron aceptadas. Así sucedió, por ejemplo, en el siglo pasado con Teillard de Chardin, que consideró que no era incompatible con la religión la teoría de la evolución, fue castigado con la prohibición de publicar. Sin embargo, varias décadas más tarde, nada menos que Juan Pablo II, decía que esa teoría no se oponía al pensamiento de la iglesia.

La apertura de los jesuitas al pensamiento fue audaz, en sus universidades y colegios se recibían todos los autores, no solo lo escolásticos. Padres como Joaquín Millás, José Sanz y Domingo Muriel estudiaron, analizaron, escribieron sobre los textos de Bacon, Descartes, Galileo, Newton, y Pascal. Conocieron a Hugo Grocio y a los enciclopedistas franceses y escribieron tratados que merecen rescatarse del olvido.

Hay dos jesuitas, entre tantos misioneros, para recordar por haber iniciado caminos en tierras donde no se tenía conocimiento de Europa y el catolicismo.

En primer término, nos referiremos a San Francisco Javier, vasco como San Ignacio. Su nombre era Francisco de Jasso y Azpilicueta y nació en el Castillo de Javier en 1506. Su padre era presidente del Consejo real del reino de Navarra y su madre era la titular del señorío de Javier. Francisco era el menor de varios hermanos.

En 1512 estalló la guerra entre los reinos de Castilla y Aragón con el reino de Navarra, conflicto que se desarrolló hasta 1515. La familia de Francisco fue leal al rey Juan de Albret. Al poco tiempo del fin de las hostilidades, que concluyó con la anexión del reino a España y la separación con la Navarra francesa, la familia Jasso y Azpilicueta participó de una sublevación para liberarse de la dominación de Castilla, que fracasó. El cardenal Cisneros ordenó demoler las torres y murallas del Castillo de Javier.

El joven Francisco, a diferencia de sus hermanos, no quiso seguir la carrera militar y se fue a París a estudiar. En esa ciudad se graduó de maestro en artes, obtuvo una cátedra de Filosofía, e inició estudios de teología. Allí conoció a Ignacio de Loyola, que había participado en las guerras por Navarra, años después de la anexión, pero en las filas del rey Carlos I, contra los intentos de reconquista del rey auxiliado por los franceses.

Francisco Javier hizo sus primeros votos en París en 1532 y se consagró sacerdote en Venecia en 1537. Fue con Ignacio y los otros compañeros a Roma, donde en 1539 obtuvieron la aprobación verbal de la nueva orden, que se ratificará por bula años después.

El rey de Portugal, Juan III, pidió al Papa el envío de un legado papal para Goa, capital del territorio portugués en la India, que conservara hasta hace pocos años. Ignacio de Loyola promovió que lo designaran a Francisco Javier. Fue el primer jesuita que salió de Europa. Viajó a Portugal en 1541 y llegó al año siguiente a Goa. Allí se ocupó de la asistencia religiosa de los portugueses y de predicar entre la población nativa. También, como sería habitual en la nueva orden, de censurar el trato de los portugueses hacia sus servidores locales.

No se quedó quieto, anduvo por el sur de la India, afrontó la hostilidad de los brahamanes y embarcó para Ceylan (hoy Sri Lanka), a las islas Molucas, y a Malaca (hoy Malasia), aprendiendo idiomas como el malayo y traduciendo los catecismos a los idiomas de cada país. En 1549 entró en Japón donde estableció las primeras iglesias cristianas, gracias a la benevolencia de algunos señores feudales. Sin embargo, comprendió que Japón seguía a China, por eso resolvió entrar en ese Imperio.

Regresó a Goa para preparar la expedición a China, aprovechando que iría una misión portuguesa interesada en establecer relaciones comerciales. El viaje se demoró por la hostilidad de un gobernador portugués en una isla cercana. Cuando finalmente pudo salir para su destino se enfermó de pulmonía en una isla, desde donde un junco lo trasladaría . Falleció el 3 de diciembre de 1552. Sus restos fueron trasladados a Goa.

En 1622 fue canonizado y durante el papado de Pío X declarado Patrono de la Propagación de la Fe. Por su parte, Pío XI lo declaró Patrono de las misiones católicas.

Otro personaje de esta orden es el padre Mateo Ricci, que nace el 6 de octubre de 1552 en Macerata, en los entonces estados pontificios de la península italiana. Estudia varios años derecho en Roma y el 15 de agosto de 1571 ingresa en el colegio de esa ciudad para incorporarse a la Compañía de Jesús. Estudia Filosofía y Teología, pero además es matemático, astrónomo, químico, entre otras profesiones.

Como tantos padres jesuitas quiere ir a las Misiones. Su solicitud es aprobada y parte de Lisboa en 1578 rumbo a Goa. En 1582 llega a Macao, la ciudad donde los portugueses habían sido autorizados a instalarse por el Emperador de China, único contacto con Occidente. El cristianismo en China había penetrado en el siglo VII con la llegada de misioneros de la rama nestoriana y en el siglo XII también llegaron algunos franciscanos. El emperador mongol Kublai Kan, interesado en todas las religiones, les pidió a los hermanos Polo, cuando regresaban a Venecia de su primer viaje, que gestionaran el envío de misioneros. En el segundo viaje, ahora con el joven Marco Polo, fueron dos franciscanos, pero no llegaron a China. En Medio Oriente se asustaron por las dificultades de la travesía y volvieron a Europa. Nada quedaba del cristianismo en la China del siglo XVI.

Luego de la muerte de San Francisco Javier, hubo algunos intentos de penetración por parte de jesuitas y franciscanos, pero no tuvieron éxito por desconocer el idioma y las costumbres del Imperio.

Lo primero que hizo Mateo Ricci en Macao fue aprender el chino mandarín, aprendizaje que ya estaba haciendo otro jesuita que partiría con él, Michele Ruggieri. Llegan a la ciudad de Chao King, en la provincia de Cantón. Se manejan con prudencia, saben que no es conveniente hablar de religión. Los chinos tienen desconfianza hacia el extranjero, pero además un enorme desconocimiento; creen que todos los otros pueblos son bárbaros, en sus mapas del mundo China ocupa todo el espacio y los países de los que tienen mentas, no entran en una de las provincias de China.

Por eso, los dos misioneros buscan el contacto con personas cultas, a las que muestran sus aparatos, los relojes, el mapamundi; les explican que la tierra es redonda. Todo esto despierta el interés de sus interlocutores y aprovechan para hablarles con prudencia de la religión católica. La aspiración de Ricci es ser recibido por el emperador, lo que demorará años, pero los jesuitas demuestran paciencia y tenacidad. De esta ciudad se tienen que ir porque el nuevo gobernador quiere quedarse con la casa que ocupan. Se van trasladando, siempre acercándose a Pekín. El padre Ricci le envía un reloj al emperador. Ese aparato, desconocido en China, se descompone a los dos años y nadie sabe cómo arreglarlo, mientras tanto va creciendo la fama de Ricci, los sabios de China tienen interés en conocerlo y dialogar con él.

Se establece un puente cultural, Ricci y Ruggieri perfeccionan su chino, leen a Confucio, visten como chinos, y adoptan un nombre chino. Ricci traducirá algunos de sus escritos al latín, escribe un diccionario portugués chino y una transcripción del chino a caracteres romanos, y unos veinte libros como "Las Diez Paradojas" y "La Verdadera Doctrina de Dios". Por otro lado, los chinos cultos comienzan a conocer la civilización europea y los avances de la misma; recordemos que son los tiempos del renacimiento, los descubrimientos, los avances en matemáticas, astronomía y en la construcción de aparatos mecánicos que ayudan a la navegación, el conocimiento de las estrellas o los nuevos relojes que Ricci sabe construir.

En 1601 Mateo Ricci es recibido por el emperador y queda impresionado por sus cualidades intelectuales. Se les da residencia en el palacio para los embajadores extranjeros y se les autoriza a construir una iglesia y predicar la religión católica. Tendrá libre acceso a la Corte Imperial y frecuentará a las personas más cultas de Pekín.

Ricci busca la manera de compatibilizar las tradiciones chinas como el culto a los antepasados y a Confucio con el cristianismo. Esto dará lugar a controversias y discusiones durante todo el siglo, primero entre los jesuitas y luego con franciscanos y dominicos que denuncian ante el Papa lo que consideran desviaciones y herejías: desde utilizar el idioma chino en vez del latín en los oficios religiosos, como se hace desde el Concilio Vaticano, hasta la cuestión de la vestimenta y la cuestión de honrar a los antepasados, que era esencial en esa cultura y que no era considerado por los jesuitas como una idolatría sino como una muestra de respeto civil a los antecesores.

Mateo Ricci falleció en1610 y su tumba está en un lugar de privilegio en Pekín.

Dijo Juan Pablo II cuando se cumplieron los cuatro siglos del recibimiento por el emperador de los jesuitas: "El padre Ricci de tal modo se esforzó entre los chinos que se convirtió en un verdadero sinólogo, en el sentido cultura y espiritual más profundo del término puesto que en su persona supo realizar una extraordinaria armonía interior entre el sacerdote y el estudioso, entre el católico y el orientalista, entre el italiano y el chino".[1]

Por su parte, Benedicto XVI ha dicho sobre este personaje "Y fue a partir de estas convicciones, que él, como ya habían hecho los padres de la iglesia en el encuentro del Evangelio con la cultura greco romana, instaura su visión de futuro, su trabajo de inculturación del cristianismo en la China buscando un diálogo constante con los doctos de ese país".[2]

También un misionero jesuita llegó al Tíbet: Ippolito Desideri, que permaneció cinco años en esa región, donde se le permitió levantar un altar. A su regreso escribió "Misión al Tíbet" en la que hace la única descripción completa de la filosofía budista en Occidente hasta el siglo XX. De esto se ha ocupado la académica y profesora de Filosofía en Berkeley, California, Estados Unidos, Alison Gopnik, que investigó las posibles influencias budistas en el libro de David Hume "Tratado Sobre la Naturaleza Humana". En su investigación encontró que el filósofo escocés estuvo un tiempo en el pueblo francés de la Flèche donde existía un importante colegio de los jesuitas y allí había estado, ocho años antes del Padre Desideri donde interactuó con otros jesuitas como Pierre Dolu, que venía de Siam (Tailandia), otro centro budista. Se sabe que Hume estuvo en la biblioteca del colegio y ahí redactó su célebre obra.

------

1   Carta de Juan Pablo II al obispo de la ciudad natal de Mateo Ricci.

2   Homenaje a Mateo Ricci, palabras de Benedicto XVI.

Hubo arzobispos y cardenales jesuitas, incluso algunos fueron considerados como posibles papas, como fue el caso de Carlo María Martini, arzobispo de Milán, que tal vez no fue elegido cuando falleció Juan Pablo II por elevada su edad. Un jesuita argentino ha merecido el honor no solo de ser el primer Papa nacido en este continente, después de más de cinco siglos de la llegada de los primeros sacerdotes al mismo, sino también es el primero de la orden de San Ignacio. El que esto escribe, al buscar bibliografía para este trabajo, ha quedado impresionado por la fidelidad al legado de los padres de la Compañía de Jesús que muestra Francisco, tal como el lector, espero comprenderá cuando lea algunas líneas sobre los misioneros que llegaron a Santiago del Estero a pocos años de su fundación en el siglo XVI.

Es interesante señalar que, en momentos de crisis de la iglesia, siempre aparece alguien que le aporta nueva vida. Pasó con San Agustín, cuya vida coincide con la crisis del Imperio Romano ante la invasión de los bárbaros y cuando ya el catolicismo era la religión del imperio. Luego en situaciones también difíciles, en la Edad Media, viene la experiencia benedictina. Tenemos el caso de San Francisco de Asís y la fundación de la orden de los franciscanos y el domínico Santo Tomás y sus aportes a la teología con su obra intelectual.

En el paso de la Edad Media a la moderna, en el renacimiento y la división del cristianismo con el cisma protestante, serán los jesuitas y Ignacio de Loyola, los que encausarán al catolicismo ante las nuevas realidades mundanas, así como en el siglo pasado, la fundación del Opus, liderada Josemaría Escrivá de Balaguer, ha significado otro aporte a la actualización de la iglesia, en el mundo surgido de las revoluciones industriales y los cambios que produce, la revolución científico tecnológica y la globalización.

Tuvieron enemigos los jesuitas, incluso dentro de la propia iglesia. Siendo una orden que estableció un cuarto voto, el de obediencia al Papa, provocó la desconfianza de las monarquías católicas que, en su afán de lograr el poder absoluto, desconfiaron de la actitud de los jesuitas. De todas maneras, se dio la paradoja de que la orden fue disuelta por un Papa, que cedió a las presiones de las casas reales europeas.

Hubo todo tipo de leyendas y mitos sobre el poder, la influencia y los propósitos de la orden jesuítica. Tal vez la influencia que les daba su gran formación intelectual alimentó esos prejuicios como el hecho de que, en algunos casos, sacerdotes jesuitas fueron confesores de monarcas como el padre François de La Chaise de Luis XIV; muchos sostuvieron que este jesuita gobernaba a través de sus consejos en el confesionario al rey.

Han vinculado, erróneamente, a los jesuitas con la Inquisición, pero nada tuvieron que ver con esa institución, por el contrario, Ignacio de Loyola se caracterizaba por tener una actitud comprensiva hacia el pecado "todo verdadero cristiano debe estar más dispuesto a justificar una propuesta obscura que a condenarla", por eso el confesor jesuita[3] intenta "encontrar razones al comportamiento del pecador, todo el mundo tiene sus razones".

Dice Jean Lacouture: "Fueron, los jesuitas, los inventores del periodismo porque estaban interesados en conocer a los otros", y eso surge de otro concepto de Ignacio de Loyola: "Donde está lo más universal está lo más divino". Esto explica por qué esta orden no se quedaba en los bordes de los estados y las colonias y, por el contrario, entraba profundamente en los territorios y buscaba el contacto con otras civilizaciones, como San Francisco Javier, que no conocía una palabra de japonés, pero tenía referencia de que se trataba de un pueblo inteligente y ávido de conocimiento con el que se podía establecer un diálogo. Según Lacouture, los jesuitas manifestaron respeto a otras culturas, apertura e inculturación para armonizar el cristianismo con la cultura de los pueblos, posturas recogidas en la encíclica de 1985, Slavorum Apostoli que brega por la encarnación del evangelio en las culturas autóctonas y a la vez la introducción de estas en la vida de la iglesia.

---

3   Jean Lacoutere, "Les Jesuites".

Intelectuales como Pascal, Voltaire y Michelet fomentaron la leyenda negra sobre los jesuitas, aunque desde el inicio tuvieron que soportar ataques siendo, incluso, acusados de judaizantes, acusación que se mantuvo en el siglo XIX, sobre todo en Alemania, cuando el movimiento nacionalista alemán tuvo posturas cada vez más racistas. Llegaron a sostener que Ignacio de Loyola tenía origen judío y que introducían maneras rabínicas en la iglesia católica. En la constitución de Noruega estaba prohibida la radicación de judíos y jesuitas.

Los jesuitas, como el padre Pierre Charles, demostraron la falsedad de los "Protocolos de los Sabios de Sión", un burdo intento de la policía zarista de acusar a los judíos de urdir un plan de dominación mundial, acusación que algunas veces también recayó en los seguidores de San Ignacio.

Los jesuitas fueron expulsados de Portugal al establecerse la república en 1912 y en España en 1932, en ambos estados regresaron en los años siguientes. Se destacaron por su posición contra el racismo y el nazismo y colaboraron con la resistencia en Alemania, Francia, Bélgica y Holanda, con muchos sacerdotes descubiertos y fusilados.

El padre Rupert Mayer escribió contra las consignas nazis, así como el padre Messineo condenó en notas publicadas en Civita Católica contra el racismo y el jesuita estadounidense John La-Farge fundó el movimiento católico interracial iniciando en los años treinta, acciones que culminaran con el movimiento por los derechos civiles en los sesenta.

Notoria fue la influencia de sus teólogos en el Concilio Vaticano II con la admisión de la libertad religiosa y la modernización del culto, con salir de una iglesia eurocentrista porque los jesuitas siempre se caracterizaron por el respeto a otras culturas y con el intento de armonizar el cristianismo con la cultura de los pueblos. Fueron teólogos destacados en el siglo XX además de Pierre Teillard de Chardin los sacerdotes Henri de Lubac, Jean Daniélou, Karl Rahner, John Courtney Murray y Agustín Bea.

Afirma el teólogo y sociólogo Pierre de Charentenay que el objetivo principal de los jesuitas parece "no ser bautizar a los otros, sino entrar en su cultura, para entrar contacto con su religión y dialogar con ellos". También dieron su sangre en conflictos como en el de El Salvador con varios sacerdotes y colaboradores muertos siguiendo la inspiración del padre general Pedro Arrupe que al concepto de propagación de la fe agregó el de justicia.

Por eso, así como tenemos jesuitas científicos, filósofos, en las universidades, los laboratorios, los observatorios astronómicos, hay jesuitas donde hay sufrimiento, pobreza, incluso miserias y exclusión; hay jesuitas donde están los chicos de la calle, los ancianos sin familia, los enfermos de sida, los que no tienen esperanzas. El que esto escribe recuerda que hace más de 50 años un jesuita, el padre José María Llorens se instaló en el barrio San Martín, una villa de emergencia de Mendoza, y residió en una modesta habitación al lado de la capilla. En ese barrio no hizo "pobrismo", por el contrario, fomentó que la gente trabajara, gestionó apoyo de las autoridades, pero también buscó y logró que sus habitantes hicieran un esfuerzo en mejorar y, de esa manera, fue el único caso de una villa que logró urbanizarse y convertirse en un barrio modesto, dejando de ser una villa miseria.

CUATRO

Los Jesuitas, la cultura y la educación

Fue la jesuítica casi la única educación, hasta finales del siglo XVIII, que existió en las ciudades que hoy forman la República Argentina. Además de los colegios en las urbes en que estaban instalados los padres jesuitas existían las de las reducciones que habían formado entre los indios Guaraníes, Chiquitos, Lules, Abipones, y Mocovíes. Eran alrededor de 50 escuelas y colegios y una universidad, la de Córdoba.

Había escuelas primarias donde se enseñaba escritura, lectura, aritmética y catecismo en Buenos Aires, Corrientes, Santa Fe, Catamarca, Tarija, La Rioja, Asunción, Montevideo, San Luis, San Juan, Mendoza, Tucumán, Córdoba y Santiago del Estero, siendo la primera la de Santa Fe en 1610. En cuanto a la segunda enseñanza había colegios en Buenos Aires, Santa Fe, Córdoba, Corrientes, Tucumán y Asunción. El de Buenos Aires se instaló en 1617 y enseguida el Seminario diocesano; en 1741 se habilitó la cátedra de Filosofía y otra de Teología y esto llevó a la población a pedir a la Orden la creación de una universidad. Se llegó a construir el convictorio gracias a la donación de su herencia a tal efecto del Padre SJ Juan Bautista Alquisalete. La aprobación del Rey llegó luego de la expulsión, pero hubo que esperar hasta 1821 para que se concretara.

Las bibliotecas de los Jesuitas en nuestras tierras fueron notables por el número de volúmenes y la temática que abarcaban. En todas las reducciones había bibliotecas de trescientos a seiscientos volúmenes.

Eran muy importantes la de la Universidad de Córdoba que superaba los diez mil libros, la del Colegio de San Ignacio, en Buenos Aires, con alrededor de 10.000 volúmenes, la del Colegio de la Inmaculada, en Santa Fe, con 6.000 libros. En las Misiones del Paraná se contaba con 7.000 y 5.200 en las del Uruguay. En Candelaria unos 3.700 libros y en los Mojos 5.200.

La gran obra en lo que hoy es la Argentina es la Universidad de Córdoba, que un mito atribuye erróneamente al obispo Trejo y Sanabria.[4] En esa ciudad, fundada pocas décadas antes, por Jerónimo Luis de Cabrera, se habilita el noviciado con la instalación de los jesuitas; en 1610, el Colegio Máximo; en 1613, el Convictorio de San Javier, obra del obispo Trejo y Sanabria. Ante la falta de recursos y a solo un año de su fundación, el Colegio Máximo sufre el traslado de sus cátedras de Filosofía y Teología a Santiago de Chile. Solo se dictan en Córdoba cursos preliminares de Latinidad y Gramática. Pero en 1614 las cátedras de Filosofía y Teología regresan a Córdoba gracias a la donación que Trejo y Sanabria realiza a la institución que queda asentada en escritura firmada ante el escribano Pedro de Cervantes el 18 de junio de 1613, que ayudan a esa institución, pero no en la medida que se esperaba.

En 12 de agosto de 1620, en Segovia, España, Felipe III firma una cédula real en la que se otorga al Colegio Máximo de los Jesuitas en Córdoba el derecho de dar títulos de grado como ba-

---

4 Prudencio Bustos Argañaraz. Número 27 de la Revista de la Junta de Estudios. Históricos de Córdoba.

chilleres, licenciados, doctores y maestros. Esto es ratificado el 8 de agosto de 1621 por bula papal de Gregorio XVI, y regirá por diez años, pero en 1634 el Papa Urbano VIII la extiende sine die.

La noticia llegó a Córdoba de manos del SJ Ignacio de Loyola, de igual nombre que el fundador de la orden, pero chocó con la resistencia de los dominicos que adujeron la falta de pruebas de la autenticidad de la bula papal y que ellos tenían autorización del pontífice anterior; por eso se presenta ante el cabildo el vicario de los dominicos Fray Juan Enríquez que, además aduce falta de calidad en la enseñanza jesuítica. Estos argumentos son rebatidos por el provincial jesuita Pedro Escobar de Oñate y por los profesores y alumnos, que ya son ochenta, y que designan representantes a Luis de Tejeda y Guzmán, Adrián Cornejo, Jerónimo Luis de Cabrera y Pedro Bustos de Albornoz, con el apoyo del procurador general Gabriel García de Frías . Tienen éxito y en 1624 en una ceremonia presidida por el obispo Julián de Cortázar en Talavera del Esteco se entregan los primeros títulos académicos.

El conflicto con los dominicos vuelve a suscitarse a fines de ese siglo cuando el obispo fray Manuel Mercadillo crea en Córdoba la Universidad Santo Tomás de Aquino, que entrega a los domínicos y prohíbe a los jesuitas dar títulos de grado. Fue así que, por unos años, hubo dos universidades en Córdoba.

Como la universidad tomó esa denominación a fines del siglo XVIII, con una cédula real de Carlos IV, algunos —que no conocen la historia universitaria—, han discutido con ligereza a la fundación jesuítica que pasó a manos de los franciscanos luego de la expulsión de la Compañía de Jesús de América y su posterior disolución en el mundo, por lo que entonces consideran que el fundador de la universidad fue Carlos IV.

La facultad de otorgar grados basta para considerarla como Universidad. Tampoco es válido el argumento de que solo se enseñaba Filosofía y Teología. A eso se dedicaban precisamente las primeras grandes universidades europeas porque lo que se buscaba era la formación del hombre y la búsqueda del saber.

Hoy, las universidades acumulan escuelas profesionales que, en muchos casos, son simples oficios que no tienen nada que ver con lo universitario, es decir, con el conocimiento y la formación humanista en que la filosofía es fundamental. Por otra parte, hay en la correspondencia entre las autoridades de la gobernación del Tucumán, la Corte Real y con el Colegio Máximo la mención del mismo como Universidad.

Crear una universidad en esos territorios desiertos con ciudades que solo tenían el nombre de tales, simples villorrios de barro, en su mayor parte habitados por pocos centenares de personas, literalmente en medio de la nada en donde, por ejemplo, entre Buenos Aires y Córdoba solo había un par de estancias, habla de una grandeza que justifica —por esa sola iniciativa— la llegada de los jesuitas a esta región. En lo que luego fue el Virreinato del Río de la Plata fundaron también Chuquisaca y la de San Felipe, en Chile. De esas tres universidades saldrán las élites de la Revolución de Mayo y la Independencia argentina.

De Córdoba, foco de cultura de la Argentina raigal, salieron personajes de los primeros tiempos de la emancipación como Valentín Gómez, Gregorio Funes, Baltasar Maciel, Pedro Ignacio Castro Barros, Elías Bedoya, Ambrosio Funes, José J. Thames, Ignacio Suárez Cabrera, el general José María Paz, el doctor en ambos derechos y general Alejandro Heredia y el doctor y general Pedro Pascual Echagüe, entre tantas figuras destacadas.

Decíamos que hay un mito, instalado por los franciscanos luego de la expulsión de los jesuitas, que atribuye al obispo Fray Trejo y Sanabria la fundación de la Universidad. En realidad, el obispo se enteró de la misma, al poco tiempo de fundada, y le propuso apoyo, que fue aceptado por la orden fundada por San Ignacio. La misma para financiar sus colegios daba el título de fundador o de benefactor, de acuerdo al aporte realizado. El obispo del Tucumán prometió la transferencia de varias propiedades, entre ellas una estancia ubicada entre las actuales jurisdicciones de Santiago del Estero y Tucumán, con un valor estimado que merecía la distinción de ser llamados "fundador"; sin embargo al fallecer, antes de la transferencia de esos bienes a la Compañía para el sostenimiento de la Universidad, ese trámite se demoró y cuando se pudo ejecutar la sucesión testamentaria el valor aportado fue muy inferior a lo prometido y considerado como merecedor del título de fundador, por eso fue reconocido con dicho título.

La presencia jesuítica en América fue de vital importancia para el desarrollo cultural de los dominios del Rey de España. Los conquistadores eran hombres de pelea, algunos de familias importantes en la península, pero otros de escasa o nula instrucción y salidos de pequeñas aldeas y poblados de Castilla. En su mayor parte, los jesuitas tenían en su mayor parte mejor origen, pero sobre todo una formación de excelencia, incluso algunos, fueron personas destacadísimas en las distintas disciplinas del saber.

No solo eran filósofos y teólogos. Hubo jesuitas naturalistas, juristas, historiadores, escritores, geógrafos, astrónomos, botánicos, médicos, ingenieros, físicos, y arquitectos.

En Ciencias, la orden que formó Ignacio de Loyola no ha tenido parangón, tal vez porque fue la que entendió el mundo moderno al ser fundada en tiempos de enormes cambios y transformaciones.

Vinieron a esta parte del mundo sacerdotes de la Compañía de diversas nacionalidades, algo interesante en una época donde había restricciones para el ingreso de españoles que no fueran originarios de Castilla.

Fueron estos jesuitas los que trajeron las imprentas, telescopios, laboratorios de física y química, instrumental médico, etc. Cuando trajeron un telescopio a Córdoba lo tuvieron que adquirir en Londres porque no había ni en España ni en Portugal. En este reino le dijeron al comisionado que fue a comprarlo que no se hallaban estas chucherías inglesas porque los portugueses no somos muy dados a las matemáticas"[5], fueron destacados astró-

---

5   Carta a Alonso Frías

nomos el padre Suárez, santafesino y el padre Alonso Frías nacido en Santiago del Estero.

El padre Buenaventura Suárez, descendiente por línea materna de Juan de Garay, nació en la ciudad de Santa Fe en 1679. Fue este sacerdote, considerado el primer científico argentino nacido en estas tierras, el que hizo traer el telescopio a Córdoba, pero además fue capaz de construir aparatos científicos en las Misiones y publicar numerosos trabajos sobre astronomía en Europa.

Desde el comienzo los jesuitas buscaron una formación de excelencia. Para eso, San Ignacio fundó el Colegio Romano, que se convertirá en la Universidad Gregoriana. Será el modelo para todos los colegios de la Compañía y es a este Colegio que irán a estudiar los jesuitas más talentosos.

Podemos mencionar, entre tantos hombres sabios, al padre Cristóbal Clavio, que fomentó el estudio de las ciencias exactas en los colegios y redactó manuales de álgebra, geometría, astronomía, incluso fue amigo de Galileo Galilei. Otro destacado científico fue el padre Cristóbal Scheiner quien descubrió, antes que Galileo, las manchas solares, fabricó el primer telescopio terrestre e instaló un museo lindero al Colegio. En un siglo fundaron 32 observatorios en Europa y a ello hay que agregar los que construyó Mateo Ricci en China como el observatorio imperial de Pekín. En el siglo XVI, el padre Ferdinand Verbiest inventó un prototipo de automóvil de cuatro ruedas impulsado a vapor.

El dominio de los idiomas fue notable, eran filólogos y dominaban las lenguas indígenas; hoy las podemos conocer gracias a sus vocabularios, gramáticas, catecismos en esos idiomas.

Y queda, por supuesto, el testimonio de sus construcciones, no solo las ruinas de las misiones sino la edificaciones que aún se utilizan como templos, conventos y colegios, porque los jesuitas no solo construyeron sus iglesias, residencias, colegios y reducciones sino que la mayor parte de los templos de las otras órdenes religiosas fueron proyectadas, dirigidas y construidas por arquitectos e ingenieros jesuitas con mano de obra por ellos instruida: albañiles, carpinteros, ebanistas, escultores, pintores, y numerosos edificios civiles como el Cabildo de Buenos Aires, la iglesia de San Ignacio de la Compañía, pero también templos de otras órdenes como la iglesia del Pilar, la Merced o San Telmo.

La expulsión va a iniciar un proceso de decadencia, no era fácil reemplazar a sacerdotes de esta formación, que cubrían disciplinas muy amplias. Muchos colegios, como imprentas, laboratorios, y bibliotecas estuvieron cerrados y sometidos al despojo, así como también se afectaron las rentas e ingresos que permitían financiar estas inversiones en capital humano, como los llamamos hoy en día.

Los Jesuitas habían logrado con su eficaz manejo de los recursos obtenidos de herencias, legados, donaciones, concesiones, un patrimonio muy importante que generaba cuantiosos ingresos, pero si bien ya no dormían al raso sobre el suelo o en chozas de paja, estos ingresos, crecientes por la buena administración de las estancias y fincas que poseían, se destinaban a los colegios y universidades, a financiar las misiones y si en algo hubo gasto en ornato y lujo fue en la magnificencia de sus iglesias, algo, además, común a todo el clero católico de la época.

CINCO

———————

Exploradores

Desde su llegada al territorio de lo que hoy es la República Argentina hasta su expulsión en 1767 los jesuitas recorrieron, cumpliendo con su obligación de propagar la fe católica, todos los confines de nuestro país, entrando en regiones que recién se incorporaron al ejercicio efectivo de la soberanía nacional a finales del siglo XIX.

Como escribió el padre SJ Guillermo Furlong: "El escenario de sus heroicidades se extendió desde el Pilcomayo hasta Tierra del Fuego y desde la Cordillera Andina hasta el Estuario Platense". No quedó palmo de tierra que, en una u otra oportunidad, no recorrieran llevando doquiera la cultura y civilización cristianas".

Con sobrado fundamento ha podido afirmar José Manuel Estrada que los jesuitas como "viajeros infatigables abrían sin cesar a las ciencias campo para sus exploraciones. La geografía, la lingüística, la botánica y la historia le deben en América sus primeros rudimentos, incontrovertible blasón que hace glorioso su nombre en los anales de nuestra civilización"- Estos conceptos son transcriptos por Furlong en su libro: "Los Jesuitas y la Cultura Rioplatense", y reflejan la realidad de estos sacerdotes que caminaron las pampas, las selvas, los desiertos y las estepas de nuestra rica y diversa geografía sin importar los riesgos que se debía afrontar y que costaron la vida en numerosas ocasiones.

Apenas llegado, el padre Alonso de Barzana emprendió viaje a las orillas del Río Bermejo recorriendo con el padre Francisco de Angulo, todo el Chaco. Años después, el padre Barzana irá con el gobernador Juan Ramírez de Velasco a los Valles Calchaquíes. Pero en las casi todas sus marchas los sacerdotes iban solos, sin protección armada y acompañados por unos pocos indígenas. Así recorrieron el Pilcomayo y el Bermejo, las quebradas y las selvas, abriendo caminos entre las distintas regiones, buscando una ruta directa entre Asunción y el Perú, o entre las misiones de la región guaraní y las costas del sur de Brasil.

Fueron los primeros en llegar al Nahuel Huapí y recorrer la Patagonia hasta el estrecho y cruzar a Tierra del Fuego, como también los primeros en avanzar sobre el Río Salado en la provincia de Buenos Aires intentando instalar misiones de Laguna de los Padres, cerca de Mar del Plata o en las proximidades de Bahía Blanca, pueblo recién fundado en 1829 como un fuerte o en la desembocadura del Río Salado. También en 1745 hicieron una expedición marítima a las costas patagónicas. Todas estas excursiones eran financiadas por la orden, es decir no le costaban un peso al erario del Imperio Español. No fueron solo erogaciones pecuniarias lo que aportaron los jesuitas, hay un mapa editado por el padre Lozano jalonado con cruces que indican la cuota de sangre que aportó la orden en sus exploraciones en la búsqueda de indios para convertir al cristianismo y en el establecimiento de comunicaciones entre sus casas. El mapa está cubierto con cruces con la leyenda "*He occisusest Pater...*" (Aquí fue muerto el padre...)

Los Tobas asesinaron a los padres Gaspar Osorio, Antonio Salinas, y Antonio Ripari; los Tapes a los Padres Cristóbal Mendoza y Pedro Romero; los Guaraníes a los Padres Roque González, Alonso Rodríguez y Juan del Castillo, los Manacicas al Padre Lucas Caballero; los Zamucos al Hermano Alberto Romero; los Payaguas a los Padres José Arce y Bartolomé Blende; los Chiriguanos al Padre Julián Lizardi; los Mbayas al padre Antonio Guash; los Mataguayos al Padre Francisco Ugalde; Los Memelucos del Brasil a los Padres Cristóbal Arias y Diego de Alfaro y los Charrúas a los Padres Pedro Espinosa, Blas de Silva, Matero Sánchez, José Mazo y Santiago Herrero.

En el Nahuel Huapí, donde intentaron varias veces fundar reducciones, tanto desde el Atlántico como desde Chile, fueron algunos los padres asesinados por los indígenas.

El primero fue el padre Nicolás Mascardi, de origen genovés, que llegó al lago Nahuel Huapí, donde fundó una misión que llamó Nuestra Señora de los Poyas de Nahuel Huapí. Convivió con poyas y pehuelches (aborígenes tehuelches, o sea de etnia pampida) entre 1670 y 1674. De allí salió tres veces para recorrer la Patagonia, en el cuarto viaje fue asesinado por los indios que pretendía evangelizar.

Le siguieron las entradas de los padres Felipe Van der Meeren, conocido como padre Laguna en 1703, y Guillermo en 1704, ambos jesuitas, que reconstruyeron la misión del padre Mascardi. Laguna fue envenado por los indios en 1707, por haber descubierto el camino secreto en la cordillera que permitía el comercio entre tehuelches y araucos, etnia de indios andino peruanos. En cuanto a Guillermo fue asesinado en 1716. Tiempo después el continuador de la obra fue el padre Feis. El padre José Cardiel dibujó los primeros mapas de los territorios que formaron el Virreinato del Río de la Plata.

El jesuita Cristóbal de Acuña describirá la cuenca del Amazonas. El padre Páez llegó a Etiopía y descubrió las fuentes del Nilo. El padre Bernabé Cobo y el padre Jorge Karmel estudiaron las plantas de América. La geología hizo grandes avances con el SJ Atanasio Kircher, que llegó a bajar al Vesubio.

SEIS

Santos y beatos Jesuitas

La Compañía de Jesús cuenta entre sus miembros a un nutrido grupo de compañeros que recibieron de la Iglesia el reconocimiento público de sus virtudes heroicas, al ser proclamados por los Sumos Pontífices con el título de Santos o con el de Beatos.

Jesuitas santos y beatos

Estos santos y beatos siguieron a Jesucristo en la Iglesia y en la sociedad en la que les tocó vivir, con el espíritu ignaciano de "en todo amar y servir" y "no querer buscar otra cosa que la mayor alabanza y gloria de Dios, saliendo de su propio amor, querer e interés", como escribió el propio San Ignacio en el libro de los Ejercicios Espirituales [EE 233 y 189].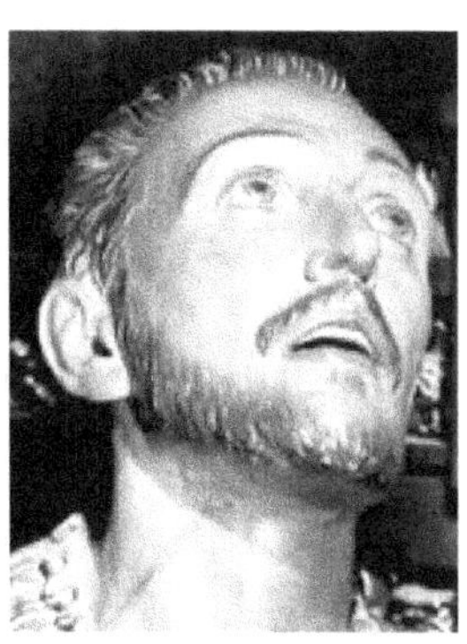

Como dice en la Liturgia de la Iglesia el Prefacio dedicado a los Santos, ellos nos ofrecen "el testimonio admirable de sus vidas, la ayuda de su intercesión y la participación en su feliz destino, para que, animados por su presencia alentadora, luchemos sin desfallecer en la carrera y alcancemos, como ellos, la corona de gloria que no se marchita".

En el elenco de los santos y beatos, que en la Iglesia Católica se proponen para la veneración, no para la adoración que solo se le tributa a Dios, hay "confesores" y "mártires".

Fuera de los ya proclamados santos y beatos, en la actualidad más de 200 jesuitas fallecidos se encuentran en proceso de beatificación.

Lista de santos y beatos de la Compañía de Jesús

La letra al principio significa: P = Padre; H = Hermano; E = Estudiante; N =Novicio.

La fecha indicada con día/mes/año corresponde a la canonización o beatificación, es decir, el día en que la Iglesia públicamente lo elevó al honor de la veneración proclamándolo santo o beato.

Santos confesores
— P. San Ignacio de Loyola (1491-1556)
   Español. Fundador y Primer P. General. (12-3-1622)
— P. San Francisco Javier (1506-1552)
   Español. Patrono de las Misiones. (12-3-1622)
— P. San Francisco de Borja (1510-1572)
   Español. Tercer P. General de la Compañía. (12-4-1671)
— H. San Alonso Rodríguez (1531-1617)
   Español. Hermano. 40 años de portero. (15-1-1888)
— P. San Roberto Belarmino (1542-1621)
   Italiano. Cardenal. Doctor de la Iglesia. (29-6-1930)
— P. San Pedro Canisio (1521-1597)
   Holandés. Doctor de la Iglesia. (21-5-1825
— P. San Bernardino Realino (1530-1616)
   Italiano. Consejero Espiritual. (22-6-1947)
— N. San Estanislao de Kostka (1550-1568)
   Polaco. Novicio. En un año se santificó. (31-12-1.726)

— E. San Luis Gonzaga (1568-1591)
Italiano. Estudiaba Teología. Patrono de la Juventud (31-12-1727)
— P. San Pedro Claver (1580-1654)
Español. Apóstol de los esclavos en Cartagena de Indias. (15-1-1888)
— P. San Juan Francisco de Régis (1597-1640)
Francés. Misionero Popular. (16-6-1737)
— E. San Juan Berchmans (1599-1621)
Belga. Estudiaba Filosofía. Ejemplo de obediencia. (15-1-1888)
— P. San Claudio de la Colombière (1641-1682)
Francés. Apóstol del Sdo. Corazón de Jesús (31-5-1992)
— P. San Francisco de Gerónimo (1642-.1716)
Italiano. Misionero Popular. (26-5-1839)
— P. San José Pignatelli (1737 -1811)
Español. Restaurador de la Compañía. (12-6-1954)
— P. San José M. Rubio (1864-1929)
Español. Apóstol de los excluidos en Madrid. (4-5-2003)
— P. San Alberto Hurtado (1901-1952)
Chileno. Apóstol social y de la comunicación escrita. (16-10-1994)

Santos mártires
— P. San Diego Kisai (1533-1597)
Japonés. Crucificado en Nagasaki. (8-6-1-862)
— P. San Edmundo Campión (1539-1581)
Inglés. Mártir en Inglaterra (25-10-1970).
— H. San Nicolás Oswen (1550-1606)
Inglés. Mártir en Inglaterra. (25-10-1970).
— P. San Alejandro Briant (1553-1581)
Inglés. Mártir en Inglaterra. (25-10-1970).
— P. San Tomás Garnet (1554-1608)
Inglés. Mártir en Inglaterra. (25-10-1970).

— P. San Enrique Waipote (1559-1595)
Inglés. Mártir en Inglaterra. (25-10-1970).
— P. San Roberto Southwell (1560-1595)
Inglés. Mártir en Inglaterra. (25-10-1970).
— P. San Pablo Miki (1564-1597)
Japonés. Estudiante. Crucificado en Nagasaki (8-6-1862)
— P. San Roque González de Santa Cruz. (1576-1628)
Paraguayo. Mártir en el Paraguay. (16-5-1988)
— P. San Juan de Goto (1578-1597)
Japonés. Crucificado en Nagasaki. (8-6-1862)
— P. San Juan Ogilvie (1580-1615)
Inglés Mártir en Escocia. (17-10-1976)
— P. San Edmundo Arrowsmith (1585-1628)
Inglés. Mártir en Inglaterra. (25-10-1970)
— P. San Andrés Bobola (1591-1657)
Polaco. Mártir entre los Cosacos. (17-4-1938)
— P. San Juan de Brébeuf (1593-1649)
Francés. Mártir en Norte América. (29-6-1930)
— P. San Enrique Morse (1595-1645)
Inglés. Mártir en Inglaterra. (25-10-1970)
— P. San Juan del Castillo (1596-1628)
Español. Mártir en el Paraguay. (16-5-1988)
— P. San Alfonso Rodríguez (1598-1628)
Español. Mártir en el Paraguay. (16-5-1988)
— H. San Juan de la Lande (1600-1646)
Francés. Hermano. Mártir en Norte América. (29-6-1930)
— P. San Antonio Daniel (1601-1648)
Francés. Mártir en Norte América. (29-6-1930)
— P. San Isaac Jogues (1607-1.646)
Francés. Mártir en Norte América. (29-6-1930)
— H. San René Goupil (1608-1642)
Francés. Hermano. Mártir en Norte América. (29-6-1930)
— P. San Gabriel Lalemant (1610-1649)
Francés. Mártir en Norte América. (29-6-1930)

— P. San Carlos Garnier (1610-1.649)
Francés. Mártir en Norte América. (29-6-1930)
— P. San Noel Chabanel (1613-1.649)
Francés. Mártir en Norte América. (29-6-1930)
— P. San David Lewis (1617-1679)
Inglés. Mártir en Inglaterra. (25-10-1970)
— P. San Felipe Evans (1645-1679)
Inglés. Mártir en Inglaterra. (25-10-1970)
— P. San Juan de Brito (1647-1693)
Portugués. Mártir en la India. (22-6-1947)

Beatos confesores
— P. Beato Pedro Fabro (1506-1546)
Francés. Compañero de Ignacio en París. Predicador. (5-09-1872)
— P. Beato José de Anchieta (1534-1597).
Español (Canarias). Apóstol del Brasil, misionero. (22-6-1980)
— P. Beato Julian Maunoir (1606-1683)
Francés. Misionero popular rural. (20-5-1951)
— P. Beato Antonio Baldinucci (1665-1717)
Italiano. Misionero popular rural. (16-4-1893)
— H. Beato Francisco Gárate (1857-1929).
Español (vasco). Portero por 41 años en Bilbao. (6-10-1985)
— P. Beato Rupert Mayer (1876-1945).
Alemán. Apóstol de Munich. Se opuso al nazismo. (3-5-1987)

Beatos mártires
Brasil (11-5-1854):
— P. Beato Ignacio de Azevedo
— P. Beato Diego de Andrade
— H. Beato Francisco Alvares

- — H. Beato Gaspar Alvares
- — H. Beato Alonso de Baena
- — N. Beato Marcos Caldeira
- — E. Beato Bento de Castro
- — N. Beato Antonio Correia
- — N. Beato Alejo Delgado
- — N. Beato Nicolás Dinis
- — H. Beato Gregorio Escrivano
- — N. Beato Antonio Fernandes
- — H. Beato Domingo Fernandes
- — E. Beato Juan Fernandes I
- — E. Beato Juan Fernandes II
- — E. Beato Manuel Fernandes
- — E. Beato Pedro de Fontoura
- — E. Beato Andrés Goncalves
- — E. Beato Gonzalo Henriques
- — E. Beato Simón Lopes
- — N. Beato Francisco de Magalhaes
- — E. Beato Juan de Mayorga
- — E. Beato Alvaro Mendes
- — E. Beato Manuel Pacheco
- — N. Beato Francisco Pérez Godoy
- — E. Beato Diego Píres
- — N. Beato Brás Ribeíro
- — E. Beato Manuel Rodrigues
- — E. Beato Fernando Sánchez
- — N. Beato Juan de San Martín
- — E. Beato Antonio Soares
- — N. Beato Amaro Vaz
- — N. Beato Juan de Zafra
- — H. Beato Esteban Zuraire
- — N. Beato Luis Rodrígues
- — N. Beato Simón de Costa
- — Checoslovaquia (15-1-1905)

— P. Beato Melchor Grodziecki
— P. Beato Esteban Pongracz

China (17-4-1955):
— P. Beato León Ignacio Mangin
— P. Beato Modesto Adlauer
— P. Beato Rémy Isoré
— P. Beato Pablo Denn
— Filipinas - Islas Marianas (6-10-1985)
— P. Beato Diego de San Vitores

Francia (6-6-1926 los dos primeros y 17-10-1926 los siguientes):
— P. Beato Santiago Sales
— H. Beato Guillermo Saultemouche
— P. Beato Santiago Bonnaud
— P. Beato Francisco Balmain
— P. Beato Carlos Jeremías Béraul du Pérou
— P. Beato Claudio Cayx-Dumas
— P. Beato J uan Charton de Millou
— P. Beato Guillenno Delfaud
— P. Beato Santiago Fryteire-Durvé
— P. Beato Claudio Francisco Gagniéres des Granges
— P. Beato Claudio Antonio Raoul Laporte
— P. Beato Mathurin Nicolás de la Ville-Crohain
— P. Beato Carlos Francisco Le Gué
— P. Beato Vicente José Le Rousseau
— P. Beato Luis Tomás Bennote
— P. Beato Francisco Vereilhe-Duteil
— P. Beato Renato María Andrieux
— P. Beato Juan Francisco M. Boit-Vourlat
— P. Beato Pedro Guérini du Rocher
— P. Beato Eloy Herque du Roule
— P. Beato Juan Antonio Seconds
— P. Beato Nicolás María Verron

— P. Beato Francisco Jacinto Le Livec
— P. Beato Alejandro Carlos M. Lanfant

India (30-4-1893):
— P. Beato Rodolfo Acquaviva
— H. Beato Francisco Aranha
— P. Beato Pedro Bemo
— P. Beato Antonio Francisco
— P. Beato Alonso Pacheco

Inglaterra-Gales (29-12-1886 los tres primeros, 15-12-1929 los siguientes, 22-11-1987 los dos últimos):
— P. Beato Tomás Woodhouse
— P. Beato Juan Nelson
— P. Beato Tomás Cottam
— P. Beato Juan Cornelius
— P. Beato Francisco Page
— H. Beato Ralph Ashley
— P. Beato Eduardo Oldcome
— P. Beato Tomás Holland
— P. Beato Ralph Corbington
— P. Beato Pedro Wright
— P. Beato Guillenno Iremonger
— P. Beato Juan Caldwell
— P. Beato Juan Gavan
— P. Beato Guillermo Barrow
— P. Beato Tomás Whitbread
— P. Beato Antonio Turner
— P. Beato Roger Filcock
— P. Beato Roberto Middleton

Japón (7-7-1867):
— P. Beato Carlos Spínola
— P. Beato Francisco Pacheco

— P. Beato Juan Bautista Machado
— H. Beato Leonardo Kimura
— H. Beato Ambrosio Femandes
— H. Beato Agustín Ota
— E. Beato Tomás Akaboshi
— E. Beato Luis Kawara
— E. Beato Gonzalo Fusai
— P. Beato Sebastián Kimura
— E. Beato Juan Kingoku
— E. Beato Antonio Kyuni
— E. Beato Pedro Sampo
— E. Beato Miguel Saito
— P. Beato Camilo Constanzo
— H. Beato Dionisio Fujishima
— P. Beato Pedro Pablo Navarra
— H. Beato Pedro Onizuka
— P. Beato Girólamo De Angelis
— H. Beato Simón Yempo
— P. Beato Diego Carvalho
— P. Beato Miguel Carvahlo
— H. Beato Vicente Kaun
— H. Beato Baltasar de Torres
— H. Beato Juan Kinsako
— H. Beato Pedro Rinsei
— H. Beato Gaspar Sadamatsu
— H. Beato Miguel Tozo
— H. Beato Pablo Jinsuki
— P. Beato Juan Bautista Zola
— P. Beato Tomás Tsuji
— H. Beato Miguel Nakajima
— P. Beato Antonio Ishida
— N. Beato Gay (coreano)

Madagascar (17-10-1965):

— P. Beato Santiago Berthieu
— México (25-9-1988)
— P. Beato Miguel Agustín Pro
—

Fuentes:

Misal Propio de la Compañía de Jesús, Curia General de la Compañía, Roma, 1998.

Liturgia de las Horas - Oficio Propio de la Compañía de Jesús, Madrid, 2000.

Léxico:

— **Santos:** que participan de la gloria de Jesucristo con altísimo honor.
— **Beatos:** felices o bienaventurados.
— **Veneración:** reconocimiento respetuoso, por ejemplo, el que se le tiene a un ser muy querido o admirado.
— Adoración: culto dirigido únicamente a Dios.
— **Confesores:** quienes con sus virtudes confesaron en forma sobresaliente su fe en Jesucristo.
— **Mártires:** palabra proveniente del griego que significa "los que dan testimonio" y se aplica a quienes fueron asesinados por causa de la misma fe y del compromiso de justicia que esta exige.

SIETE

Los Jesuitas llegan a Santiago del Estero

En 1563 llegan los primeros ocho jesuitas al virreinato del Perú, por una gestión de Felipe II ante San Francisco de Borja, el tercer Propósito General de la Orden. Un tiempo antes, Felipe II había padecido resistencias a la llegada de la orden a las posesiones americanas porque ya estaban establecidas otras órdenes sacerdotales. En vida de Ignacio de Loyola pensó en el envío de misioneros de la orden al continente americano, petición que el fundador recibió con entusiasmo, pero prefirió esperar porque consideraba que su congregación aún no estaba en condiciones de afrontar una empresa espiritual de tal magnitud.

Dos años después, el virrey del Perú Francisco Álvarez de Toledo y Figueroa solicitó y logró que vinieran otros doce jesuitas que viajaron con él desde España a la sede de su gobierno, en Lima. En 1571 llega otro grupo y se abre, entonces, una casa en Cuzco.

En 1585, llegan desde el Perú a Santiago del Estero los SJ Juan de Atienza, Alonso de Barzana, también conocido con Bárcena, y Francisco de Angulo, nombrado comisario del Santo Oficio, y el lego Juan Villegas. El primer obispo Francisco de Victoria ha pedido que vengan y los protegería durante toda su gestión como titular de la Diócesis del Tucumán. El obispo, que pertenece a la orden de los dominicos, tiene un alto concepto de los jesuitas, de su formación en la doctrina y de su aptitud para dominar las lenguas nativas. La escasez de religiosos no solo impedía avanzar en la conversión de los indios sino también en la atención religiosa de los españoles.

En toda la gobernación del Tucumán y la del Paraguay, con varias ciudades fundadas y decenas de pueblos de indios sometidos a los hispanos, solo había unos veinte clérigos y para el Tucumán, en las que se habían fundado, las ciudades de Salta, Esteco, Santiago del Estero y Córdoba, solo cinco y ninguno dominaba las lenguas indígenas. Por eso, el Obispo Victoria, escribe cartas rogando el envío de sacerdotes a los padres provinciales del Brasil, José Anchieta, y del Perú, Juan Atienza. Estos responden aceptando el pedido.

¿Cómo era el Tucumán y la ciudad de Santiago del Estero cuando arribaron los jesuitas?

En 1535 pasa por el Tucumán, Diego de Almagro en camino a Chile, llega a Chicoana y desde allí enfila a la cordillera a la que atraviesa para llegar a su destino, el regreso lo emprenden por el desierto de Atacama.

En 1542, al mando de Diego de Rojas, se hace la primera entrada. Este jefe es asesinado por los indios en Maquijata, cerca de los cerros de Villa La Punta. La expedición funda en lo que hoy es el departamento Atamisqui, en la ciudad de Medellín, que tuvo cabildo, sacerdotes y mujeres españolas. Esta población subsiste casi dos años. Los expedicionarios incluso se internaron hasta el Paraná y regresaron al Alto Perú.

En 1545 tiene lugar un acontecimiento que será importante para el virreinato del Perú y con consecuencias para el Tucumán y el Río de la Plata que es el descubrimiento casual de las vetas de plata en el cerro de Potosí. El procurador Pedro de La Gasca quiere sacarse de encima, también, el exceso de población sin ocupación. En 1549, La Gasca encarga a Juan Núñez de Prado una nueva entrada, quien funda la ciudad del Barco en un paraje de Tucumán cercano donde, hoy se levanta la ciudad de Morteros, en esa provincia.

La llegada de Villagra desde Chile reclamando los derechos del capitán general Pedro de Valdivia sobre esos territorios provoca el traslado de la ciudad a la actual provincia de Salta. Luego viene hacia Santiago del Estero y se instala en las orillas del Río Dulce en una ubicación que se discute porque los cambios de curso del río han dado lugar a muchas opiniones, pero se presume muy cerca del actual emplazamiento. Núñez del Prado está por hacer un nuevo traslado hacia el Salado cuando llega Francisco de Aguirre.

Aguirre encuentra la ciudad de El Barco III, ahora llamada del Santiago del Estero del Nuevo Maestrazgo, en un estado lamentable, sin posibilidades de sobrevivir. Su llegada es clave para la subsistencia de una población en el Tucumán. Expulsa a Núñez del Prado y en 1553 funda la ciudad de Santiago del Estero, cerca del actual centro, pues en el siglo siguiente hubo un traslado de unos centenares de metros las inundaciones del río.

Francisco de Aguirre era uno de los mejores oficiales del ejército de Carlos I, veterano con Valdivia y otros conquistadores de Chile de las guerras europeas. Aguirre tenía sangre real, tanto de Castilla como de la dinastía que reinó en Navarra y fue reconocido por el Papa porque en la toma de Roma salvó de las violaciones de la soldadesca a las monjas de un convento.

Será un hombre fundamental en la conquista de Chile y poco antes de su muerte en La Serena será el único que vencerá al corsario Francis Drake cuando este intenta un desembarco en esas costas, luego de haber saqueado Valparaíso.

Aguirre no solo funda Santiago del Estero, sino que también manda a fundar San Miguel de Tucumán e intenta poblar en Córdoba y llegar al Paraná.

Es que en la entrada en el Tucumán hubo dos proyectos. Uno

era limitarse a construir un perímetro defensivo del Potosí, siguiendo la política de los Incas que, a fines del siglo XV y las primeras décadas del XVI, poco antes de la llegada de Pizarro, afrontaban los ataques que desde el Chaco hacían los tupí guaraní. Uno de ellos con el mando de Alejo García, un sobreviviente de la expedición de Juan Díaz de Solís, construyó una línea de fortificaciones.

La otra, la de Aguirre, era de conquistar, poblar y colonizar, es decir ocupar, poblar y trabajar en las nuevas tierras. Además, entendía que era esencial llegar al Atlántico. Aguirre era un hombre de su época y eso le trajo dificultades con algunos burócratas y la Inquisición. No faltó un incidente con un fraile dominico que se oponía a que la gente labrara la tierra un domingo. "Santiago necesita herreros, labradores, carpinteros —parece que dijo—, en vez de curas".

Todavía hoy algunos se entretienen en la discusión sobre quién fundó Santiago del Estero y es llamativo cómo los que no se escandalizan frente al atraso y la pobreza de la provincia o hacia el autoritarismo suelen insistir en atribuirle la fundación a Núñez del Prado, que al lado de Aguirre era un hombre sin condiciones de mando, incluso acusado de cobarde y que nunca logró hacer algo duradero.

Uno de los argumentos es que los límites de la jurisdicción reconocida a Valdivia eran de cien leguas a partir del Pacífico. Por lo tanto, Santiago del Estero estaba fuera de los mismos. Pero el Rey de donde emanaba la autoridad de Valdivia le extendió la jurisdicción a la capitanía general de Chile a 150 leguas, por lo que le daba a Chile la titularidad sobre el Tucumán.

Aguirre gobernó tres veces Santiago del Estero, afrontó la cárcel y la Inquisición por las denuncias de sus enemigos. El Rey lo liberó siempre y le dio nuevamente el gobierno. En 1563, Felipe II resolvió que el Tucumán dependiera del virreinato del Perú, terminando con los conflictos, y nombró como primer gobernador a Francisco de Aguirre. En ambos lados de la cordillera de los Andes miles de personas llevan su sangre, por sus cinco hijos matrimoniales y alrededor de 20 mestizos.

Santiago del Estero, fundada sobre la Mesopotamia que se extiende entre el Dulce y el Salado y habitada por una numerosa población indígena, logró sobrevivir y tener el rol de Asunción en el Río de la Plata y de Santiago de Chile para las fundaciones cuyanas, es decir, ser la madre de ciudades.

No había minerales preciosos, ni piedras para levantar edificios sólidos y perennes, pero sí una gran cantidad de indios para tomarlos en encomienda y un mercado en el Alto Perú con riqueza minera que atraía. A esto se agregaría luego las conexiones con Chile, el Paraguay y el Río de la Plata.

Por cierto, estas poblaciones eran pequeños villorrios o aldeas de casuchas de barro y paja y, a fines de siglo, en estas villas solo había unos 250 vecinos españoles, la mayoría afincado en Santiago del Estero y en Córdoba, unos 150 eran encomenderos. Además de la encomienda, estaba el yanaconazgo, practicado también por los incas. Los que no tenían indios encomendados practicaban el yanaconazgo y para obtenerlos practicaban las "malocas", que eran cacerías de indios, también practicadas en el Paraguay, para tener "piezas de indios" para el servicio personal.

Esta práctica será suprimida en 1612 por el visitador Francisco de Alfaro, a través de sus célebres ordenanzas, que fueran inspiradas por los jesuitas. Pero a pesar de la prohibición, durante un tiempo largo algunos siguieron con estas incursiones, aprovechando la resistencia indígena, lo que derivó en la despoblación de los valles catamarqueños.

Las yanaconas tucumanas llevaron a interactuar a estos indígenas entre los españoles y los que vivían en sus tribus. Muchos de ellos fueron los "doctrineros" que colaboraron en la evangelización y participaron de las caravanas comerciales como arrieros y peones.

Desde el inicio de la conquista, en Santiago del Estero había pueblos de encomienda En las cercanías del Dulce estaban Soconcho y Manogasta que se convirtieron en el sostén económico de los gobernadores y luego pasaron a estar en "cabeza de su majestad", es decir no tenían un encomendero. Estos pueblos estaban dedicados a la fabricación de textiles que se comercializaban en los pueblos mineros del Alto Perú y sobre todo en Potosí, pero no obstante su población disminuía por la "saca de indios" para trabajar en las minas de esa ciudad.

Los encomenderos no vivían con sus encomendados, por lo menos en el caso de la encomienda de Maquijata. Su titular, Antonio de Mirabal, vivía en el Alto Perú y para controlarla contaba con un administrador español.

En los poblados indígenas se mantuvo una estructura de líderes locales, los curacas, y en Santiago estos pueblos subsistieron hasta el siglo XIX como fue el caso de Matará, tal vez por la existencia de esos líderes y porque si bien hubo "saca de indios" hacia Potosí, se los reemplazaba con los desplazados de los valles calchaquíes y los que se traían de las malocas al Chaco.

En 1565 se funda Tucumán, y dos años después Esteco que durará un siglo.

También dura poco tiempo Londres en Catamarca. En 1573 Jerónimo Luis de Cabrera erige Córdoba que, más adelante, desplazará a Santiago del Estero como capital del Tucumán y sede del obispado. En Santiago algunos creen que eso provocó la decadencia, aludiendo a una mitológica edad de oro que nunca tuvo lugar. Es la idea del despojo, en boga por escritores santiagueños en los años treinta del siglo pasado y que aún perdura, junto a la idea del "pobrismo", es decir sostener que es buena la pobreza. En realidad, el pobrismo esconde la impotencia de las dirigencias de la provincia para encarar un proyecto de desarrollo e inclusión, que saque al pueblo de esa situación y logre un mejoramiento social.

En realidad, el traslado de la gobernación y de la sede episcopal no fue la causa de la decadencia, no se decae sino se estuvo arriba, por el contrario, la mayor dotación de recursos, el clima, la piedra, y la ubicación fueron factores que llevaron al traslado que, de hecho, se concretó mucho antes que se oficializara. Por eso es motivo de admiración que un núcleo de vecinos de la madre de ciudades del Tucumán haya decidido quedarse y mantener un pequeño núcleo urbano pese a las adversidades y contrariando opiniones de algunos gobernadores, como Esteban de Urízar y Arespacochaga que pronosticara, a principios del siglo XVIII, que Santiago del Estero iba a desaparecer.

En realidad, Santiago del Estero tenía las condiciones para prosperar, lo vio claramente Francisco de Aguirre, asombrado por el caudal de los ríos y la fecundidad de la tierra, pero nadie construyó canales luego de que se hiciera en ese tiempo la acequia real y manejaron tan mal el riego que, en menos de un siglo, convirtieron el oasis que Aguirre exaltaba en un páramo con la salinización de las tierras.

En 1582, luego de varios intentos, se funda Salta en el Valle de Lerma, en 1591 la ciudad de Todos los Santos de la Nueva Rioja y en 1593, San Salvador de Jujuy. Por otra parte, no logra perdurar Madrid de la Juntas.

Los jesuitas que vienen desde Lima, por la ruta del Alto Perú, tienen que atravesar varias cadenas montañosas, tierras áridas, valles y quebradas. Cuando arriban a Salta, fundada cuatro años antes, los españoles los reciben con júbilo; hace años que no escuchan misa ni confiesan ni comulgan por falta de sacerdotes. Allí permanecen un mes con beneplácito de los vecinos que, después de varios años, reciben los sacramentos de su religión; los padres aprovechan para reclutar neófitos a los que enseñan los preceptos del cristianismo y las oraciones para, a través de ellos, difundir el cristianismo entre los indígenas.

El obispo Victoria manda los auxilios para el viaje a Santiago del Estero. La entrada a la ciudad fue una fiesta, los espera el gobernador Ramírez de Velasco y se dirigen a la iglesia en medio de arcos cubiertos de flores y rodeados por la gente. En la Iglesia les da la bienvenida con un sermón el obispo y luego los conduce a la vivienda que les tiene preparada. La atención religiosa de la población española estaba aprobada porque con el obispo había cinco sacerdotes, pero no podían evangelizar a los indígenas porque, como lo señalamos, no conocían lenguas indias.

Los jesuitas que llegaban, dominaban el quichua, y durante su viaje, Barzana aprendió el tonocotés, luego dominará el kakán y con el tiempo otros idiomas aborígenes.

Al año siguiente con Juan Ramírez de Velasco viene el padre Gutiérrez y desde Brasil viajan cinco jesuitas que han afrontado en su viaje grandes peligros, entre ellos, el caer presos de corsarios ingleses en la desembocadura del Río de la Plata. Uno de los piratas abre los cofres que llevaban cosas del culto y corderillos de cera bendecidos por el Papa y quiere pisotearlos, pero el padre Ortega se intenta impedirlo agarrando de los pies al pirata, lo hace trastabillar y así se golpea la cabeza contra la baranda del navío, comenzándole a sangrar copiosamente. Ante esto, los corsarios arrojan al agua al padre Ortega, pero este sobrevive, mientras que el corsario agresor muere. Los tripulantes del barco rescatan a Ortega y luego se dirigen al estrecho de Magallanes, donde la tormenta destruye palos y velas y pasan hambre, pero el viento los lleva hacia Buenos Aires y los jesuitas quedan a salvo.

Desde el Río de la Plata, parten a Santiago pasando por Córdoba, donde son recibidos por Barzana y Angulo, los padres Juan Saloni (valenciano), Tomás Fields (irlandés) y Manuel Ortega (portugués). Tanto el portugués Esteban Grao y como el italiano Leonardo Arminio, prefieren ir a Santa Fe, donde permanecerán un tiempo y luego retornarán al Brasil.

En 1589, Ramírez de Velasco emprende una expedición a los Valles Calchaquíes junto con el padre Barzana. En unos desfiladeros, las tribus les han preparado una emboscada y rodean a la columna del gobernador. El padre Barzana, resuelve dirigirse solo a dialogar con los jefes y logra convencerlos de que liberen el paso, salvando al gobernador y a sus hombres de un enfrentamiento sangriento. Barzana les promete a los caciques que no serán molestados por los españoles cuando salgan de la encerrona.

Al año siguiente, llegan desde el Perú los padres Pedro de Añasco y Onofre Juan Fonte. Este último es enviado con Francisco de Argañaraz y Murguía y su segundo, Lope Bravo de Zamora Bohorques, a Jujuy donde funda la ciudad de San Salvador de Jujuy.

En 1593 el provincial de la orden en Lima Juan Sebastián Parra dispone el traslado al Tucumán y al Paraguay de los SJ Juan Romero, Gaspar Monroy, Juan Viana, Marcelo Lorenzana y el lego Juan Aguilar. El padre Romero estará al frente de los jesuitas asentados en el Tucumán y los distribuye en distintos lugares de la gobernación. Barzana, Saloni, Lorenzana y el lego Aguilar van a Asunción del Paraguay; Ortega y Fields a la región del Guayra; Añasco y Monroy al norte de Salta con los omaguacas; y Angulo y Viana quedan en Santiago del Estero. El padre Romero no fija residencia estable. En 1597 reúne a todos los padres que están en el Tucumán para recorrer Salta, Jujuy, Bermejo y Santiago del Estero.

Previamente a discutir y planear las distintas misiones, Romero dispone que todos hagan los ejercicios espirituales de San Ignacio, pues como relata el padre Techo, en su "Historia de la Provincia Jesuítica del Paraguay" que: "dicen los maestros de la vida ascética que las ocupaciones exteriores, aunque sean muy buenas, debilitan el vigor de las virtudes y que las mismas excursiones apostólicas enervan la voluntad si de cuando en cuando no se destina algún tiempo a la oración y a la meditación de las cosas piadosas". En la ciudad de Santiago del Estero quedarán Gaspar Monroy y Juan Viana, y los padres Añasco y Antonio Vivar recorrerán el campo lindante. Al año siguiente, los padres Francisco Angulo y Eugenio Baltodano irán al Bermejo, Gaspar Monroy y Vivar a Salta; Añasco y Viana al país de la carocais y Juan Toledano al Esteco. El padre Romero se internará por las orillas del Río Dulce y logra conversos en el país de los indios Repení y el país de los Malquesis y los Quesoies

En 1600 llegaron al Perú los padres Juan Darío, Fernando Monroy, Juan del Arco y el lego Juan Rodríguez. Romero los manda a Fernando Monroy y al lego Rodríguez a Salta y a Juan Viana a San Miguel de Tucumán. El padre Añasco y el padre Juan del Arco a Esteco. Angulo irá por toda la diócesis como inquisidor.

El visitador Páez los convoca a todos los religiosos de la orden en Salta para evaluar los trabajos en el Tucumán. Les dice que no es conveniente que anden errantes y que es necesario establecer casas permanentes para, llegado el momento oportuno, establecer una nueva misión. El padre Romero y sus compañeros resaltan lo inmenso del territorio a cubrir y la escasez de sacerdotes, por eso llegan a un acuerdo. Pasarán cuatro meses en una casa y el resto del año, andarán por los campos y selvas buscando, indígenas para convertir.

Cuando abandona la sede episcopal el obispo Victoria, los jesuitas son resistidos por autoridades y los encomenderos, molestos por la protección a los derechos de los indígenas que hacían los padres jesuitas respetando lo establecido en las leyes de Indias por los Reyes de España en cuanto al trato que debían recibir los nativos y la misión de convertirlos al cristianismo. Los jesuitas estaban bien preparados para esa misión porque a su formación intelectual unían el conocimiento de las lenguas indígenas que les facilitaba la tarea evangelizadora. Por un tiempo se retiraron a Chile, donde también fueron resistidos e incluso perseguidos.

¿Qué es el Tucumán al que llegan los jesuitas?

Al hacerse cargo el nuevo obispo, Trejo y Sanabria inició diligencias para lograr el retorno de los jesuitas a los que puso a cargo del Seminario de Santa Catalina, en Santiago del Estero. Este emprendimiento, que primero estuvo a cargo de un seglar, fue definitivamente fundado el 16 de diciembre de 1611, año del retorno de los sacerdotes de la orden de San Ignacio de Loyola a Santiago. También en ese año se instalan en Córdoba, donde fundarán el noviciado al año siguiente, el Colegio Máximo, a la que seguirán el Real Convictorio y por fin, la Universidad. La ciudad de Córdoba estaba en la ruta entre Santiago de Chile, el Tucumán, Asunción y el Río de la Plata, por eso allí se instalará el Provincial cuando se forme la provincia Jesuítica del Paraguay, segregada del Perú y que abarcaba estas vastas regiones desde el Pacífico al Atlántico, que buscaba un asiento equidistante entre las distintas poblaciones de su provincia.

El Padre Barzana

Merece un aparte el padre Barzana, sin restar mérito a sus compañeros en las enormes tareas acometidas desde el ingreso de los jesuitas al Tucumán, por su enorme dedicación sin pausa venciendo todo tipo de obstáculos y dificultades para cumplir con su trabajo pastoral.

Barzana logró fama entre los indígenas, su nombre convocaba a tribus enteras, no hubo región, sierra, selva, pantano, cuevas, desierto del Tucumán en el que no pusiera el pie. Las tierras aledañas al Dulce y al Salado, los Valles Calchaquíes, Londres, la Rioja, los asentamientos de los Diaguitas y los Lules, el Esteco, el Chaco llegando al Paraguay y cruzando el Pilcomayo.

Barzana, también conocido como Bárcena, había nacido en Córdoba, en la Andalucía, y fue educado por Juan de Ávila. Pudo haber hecho una vida espléndida en la Corte, pero prefirió ingresar a la orden. Predicó por los pueblos de Andalucía y logró tal fama que llegó al púlpito de la Catedral de Sevilla. Pero él quería ir a tierras de infieles para convertir al cristianismo, tal como lo había hecho San Francisco Javier, entrando en Japón, en vida de San Ignacio o lo hiciera en 1582 Mateo Ricci, cuando desembarca en el Imperio Chino. El destino que eligió fue el Perú, al que recorrió por todos sus rincones mereciendo que se le llamara el Apóstol del Perú.

Vino en el primer grupo, cuando se atendió, el pedido del obispo Francisco de Victoria y por todos lados, reiteramos, dejó su huella, entre españoles e indios. Se dice que en el Tucumán bautizó 25.000 indios. Estaba por cumplir los setenta años cuando el Provincial lo invitó a retirarse a descansar al Perú por un tiempo. Lo aceptó por obediencia, pero hubiera querido quedarse, en donde misionaba en el país de los Frentones. Regresó en un camino de 550 leguas pasando por Concepción del Bermejo, en pleno Chaco, llegando a Santiago del Estero y desde esta ciudad hacia el norte. Llegó al Cuzco, donde la orden contaba con una casa y un gran colegio, allí encontró al último descendiente directo de los Incas, que estaba enfermo, lo bautizó y ayudó a tener una muerte piadosa; a los pocos días este verdadero apóstol, también del Tucumán falleció.

Dirá de Barzana el padre Añasco, que lo acompañó en muchos de sus viajes: "Nunca acabo de dar gracias a Dios Nuestro Señor y a VR por la grande merced que me hizo de enviarme a estas tierras y en compañía de mi "amantísimo" padre Barzana, que puedo decir con mucha verdad que aunque no vi al Santísimo Padre Francisco Javier en la India Oriental, vi al padre Alonso de Barzana, viejo de 65 años, sin dientes ni muelas, con suma pobreza con profundísima humildad, haciéndose viejo con el viejo y con la vieja hecho tierra, sentándose por estos suelos para ganarlos para Cristo, y con los caciques e indios particulares, muchachos y niños, con tanta ansia de llevarlos al Señor que parece le revienta el corazón".

OCHO

La Provincia Jesuítica del Paraguay

La orden de los Jesuitas en Sudamérica, desde Panamá a Tierra del Fuego, era conducida desde Lima ya que todos eran parte de la provincia del Perú. Las enormes distancias y la necesidad de extender la acción evangelizadora llevaron al padre General, SJ Claudio Acquaviva, desde la casa de Roma, a decidir la creación de nuevas provincias.

El padre Diego de Torres Bollo había viajado como procurador de la orden en Perú a entrevistarse ante Acquaviva. El general estaba interesado en la conversión de los indios y meditaba sobre la necesidad de crear nuevas provincias. La propuesta que llevaba el procurador Torres Bollo era la de formar dos viceprovincias, una para la Nueva Granada y otra en Potosí. Pero el general Acquaviva se inclinó por crear una provincia para atender las gobernaciones del Tucumán, el Río de la Plata, el Paraguay y Chile. También observaba que, con 17 jesuitas, poco se podía hacer en tan vastos territorios por lo que decidió enviar nuevos sacerdotes al continente. También evaluó que el padre Torres tenía las condiciones necesarias para ser el Provincial de la nueva provincia, pero al despedirlo le recomendó discreción para que en Perú no pensaran que se había dedicado a buscar su ascenso.

Llegado al Perú, Torres se encontró con las dudas del provincial sobre las órdenes del general Acquaviva. El provincial tomó una decisión distinta, creando dos viceprovincias, la de Quito que se la confío a Torres y la del Tucumán donde designó al padre Diego Álvarez de la Paz. Esto fue informado a Roma, que contestó dando órdenes terminantes, disponiendo la creación de la provincia del Paraguay, que abarcaba las gobernaciones del Paraguay, del Tucumán, del Río de la Plata y la Capitanía General de Chile.

El padre Torres Bollo era hijo de Don Diego Bollo, de claro linaje de las montañas de Burgos, nacido en Castilla la Vieja, en el pueblo de Benavente; fue regidor de esa población y de la de Monterrey. La madre Ana Torres era hija de un capitán de Castilla, que formó parte del ejército de Carlos I. Esta mujer era muy piadosa y al fallecer su marido y cuatro de sus hijos, se retiró a un convento de carmelitas descalzas junto con dos hijas que le quedaban.

El joven Torres aprendió las primeras letras en Benavente y luego fue a Salamanca a casa de un tío, quien percibió que su sobrino se inclinaba a la religión y, atribuyendo influencias de los jesuitas, buscó alejarlo de ellos. Como la relación empeoró y Torres le echaba en cara la vida disipada que llevaba, el tío lo mandó a casa de su padre. Luego fue llevado a la Corte donde su talento llamó la atención de personas influyentes que llegaron a buscarle un matrimonio ventajoso, pero su carácter lo alejó de su protector, al que también le reprochó por su maniobra corrupta. Vuelto a casa de su padre, por un tiempo se dedicó a los placeres de la vida mundana, pero una enfermedad lo inclinó definitivamente a la vocación religiosa. Se dirigió a una casa jesuítica donde rogó ser aceptado y se sometió a humillaciones para demostrar su vocación y la necesidad de ir a tierras donde hubiera paganos para convertir.

El Padre Diego de Torres Bollo fue acompañado por otros 13

compañeros, sacerdotes y hermano. La orden estaba escasa de recursos para afrontar el viaje, pero finalmente los obtuvo porque Felipe III ordenó la entrega de fondos para el traslado al Tucumán de misioneros serapianos . Ante el inconveniente que presentaba esta resolución real al prior de los franciscanos en Lima, por carecer de esa cantidad de frailes , el padre Torres aprovechó para que las autoridades le dieran recursos.

Los trece que acompañaron a Torres fueron Diego González Holguín, natural de Cáceres, sacerdote de cuatro votos, con gran conocimiento de idiomas indígenas y probada fe y experiencia como misioneros y predicador; Luis de Leyva, un castellano viejo; Juan Domínguez, de origen mallorquín; Francisco Vázquez de la Mota, nativo de la Mancha; Juan Pastor , del Reino de Aragón; Juan Bautista Ferrufino, de Milán; Marco Francisco Deyotaro, del Reino de Nápoles; Melchor Venegas, SJ americano, recién consagrado y natural de Santiago de Chile; el SJ Lope de Mendoza; Horacio Vechi, nacido en Siena, la Toscana; Bernardo Rodríguez, de Baeza en la Andalucía; Vicente Grifi nombrado italiano; y el hermano Miguel.

Grifi fue separado tiempo después de la orden y se incorporó a los Serapios, pero profesó cercanía con los jesuitas. En cambio, el Hermano Rodríguez fue sancionado y separado como ejemplo para mantener la disciplina entre los integrantes de la congregación. El padre Torres resolvió que los novicios y los más jóvenes viajaran en barco a Chile, y luego cruzaran los Andes hacia sus destinos para aliviar las penurias del largo viaje terrestre, por senderos montañosos y terrenos áridos con temperaturas rigurosas. A último momento uno de los novicios fue reemplazado por Antonio Ruiz de Montoya, que tendrá una actuación destacada en la nueva provincia del Paraguay.

El padre Torres había pedido que no vinieran los sacerdotes residentes en Chuquisaca y Potosí, pensaba que, acostumbrados a vivir en ciudades opulentas, les iba a ser difícil adaptarse a la pobreza de las aldeas, tituladas ciudades, del Tucumán y la salida a los campos para buscar indígenas a los que se llevaría la fe católica. También pedía curas de otras partes de Europa, en vez de españoles, preferentemente italianos, ya que decía que eran de trato más suave con los naturales del país.

Parten desde Lima y pasan por el Cuzco, donde ya tienen casa y colegio, y luego penetran en lo que hoy es Bolivia, llegan a Chuquisaca, Juli y la villa imperial de Potosí, que era la ciudad más poblada y rica de América y del Mundo gracias a la riqueza de las vetas de plata de su famoso Cerro. Eran viajes largos y penosos, y llenos de peligros. Sufrieron nevadas sin tener refugio y había animales peligrosos como pumas. Recorrían páramos y punas. También encontraban villorrios indígenas, desde donde eran saludados con entusiasmo ya que la fama del padre Torres se extendía a toda la provincia del Perú.

Hubo mucha algarabía en la población indígena de Juli, un gran centro misionero del Perú donde había estado por casi cinco años. En Oruro les obsequiaban cálices y vinajeras de plata para dotar a las capillas de la nueva provincia del Paraguay. En Potosí hubo muchedumbres y arcos de flores en las calles que se dirigían a las iglesias de la ciudad. Estas eran importantes en cuanto a la calidad de su construcción como a los ornamentos en el interior de las mismas, comparables con las grandes iglesias de Europa, y no se encontrarían en Santiago del Estero, donde el obispo oficiaba en una catedral pequeña y de adobe crudo.

Desde Potosí parten hacia Humahuaca, otro camino difícil y en temporada de lluvias, cruzando varias cordilleras. En este poblado indígena los espera el hermano Eugenio Valtonado, enviado por el padre Romero, que oficiaba de superior de la Misión en el Tucumán, para auxiliarlos y servirlos en lo que pudiese a los viajeros. Los sacerdotes y hermanos que viene con Diego de Torres quedan impresionados, a pesar de estar acostumbrados a la pobreza, del aspecto del hermano que mostraba las carencias en el Tucumán. Tan conmovido queda el padre Diego Torres que se postra a sus pies y los lava con sus lágrimas, quiere dar una lección de humildad y caridad.

Llegan a Jujuy donde los recibe el padre Juan de Viana, ya con varios años en la región. La orden tiene una pequeña casa en San Salvador, pero insuficiente para alojarlos a todos. No tendrán problemas en alojarse con el Maestre de Campo Pedro de Valdivieso, que ha sido teniente gobernador y justicia mayor, quien los recibe con júbilo junto a los principales vecinos de este pequeño poblado. Insiste en llevarlos a su hacienda, ubicada a dos leguas, y allí parten acompañados por españoles e indios. Los jujeños quieren que se queden uno o dos sacerdotes y ofrecen un solar para ampliar la casa y construir una iglesia. El padre Torres les explicará que son pocos para semejante extensión como la que ellos tienen que atender. Por lo tanto, primero irán a la capital de la gobernación en Santiago del Estero, pero les asegura que vendrán con frecuencia padres de la compañía para atender las necesidades espirituales de españoles y la conversión de los indios. De Jujuy siguen a Salta y a Talavera, donde son recibidos con entusiasmo. Los vecinos asisten a misa, confiesan y comulgan y escuchan con devoción los sermones; los indios también se van convirtiendo y dejan costumbres consideradas pecaminosas en el cristianismo como la poligamia. También les piden que manden sacerdotes jesuitas permanentes. En Salta les dan un solar importante y da por iniciada la obra de una casa y capilla, pero por falta de operarios y recursos se demorará 16 años en levantarse. El padre Torres quiere que el padre Juan de Viana oficie de superior en el viaje a Santiago del Estero, pero De Viana le dice que él sirve para obedecer y no para mandar. En Santiago del Estero los espera el obispo Fray Fernando Trejo y Sanabria y el gobernador del Tucumán Alonso de Ribera, que había combatido en Flandes y en Chile. Trejo y Sanabria como el primer obispo Victoria han simpatizado y apoyado a los seguidores de Ignacio de Loyola a pesar de pertenecer a otra orden. Ambos prelados no han caído en las intrigas y celos de algunos dominicos, franciscanos y obispos del clero secular que recelaban de la nueva orden, como también serán vistos con sospechas por cortesanos y burócratas ante su voto de fidelidad al Papa, que los llevaba a aceptar las empresas más peligrosas en las que las misiones a América eran una parte de un plan global de expansión del catolicismo en África y Asia, y la penetración en los dominios de la iglesia ortodoxa en Rusia a la disputa con el protestantismo en los países germánicos, el Reino Unido y Escandinavia.

Victoria los había traído y Trejo y Sanabria logró su regreso al Tucumán. Durante toda su vida apoyó a la orden y respaldó su labor misionera y educadora. A los pobladores de la gobernación del Tucumán y de su capital Santiago del Estero, cuenta el padre Lozano, les reconocían a estos padres de la compañía de Jesús "dejar el florido y opulento reino del Perú para venir a estas pobres provincias" y disipar el rumor de la que orden dejaría el Tucumán. Los vecinos de Santiago del Estero eran los que más tiempo habían disfrutado "los beneficios espirituales de la labor misional de los jesuitas, desde la primera entrada en la gobernación de 'aquella república'", en 1586.

El gobernador, y los vecinos principales, los esperaron varias leguas en las afueras de la ciudad y dijeron las palabras de bienvenida. El obispo los esperó en la catedral, adonde entraron los padres, el gobernador, el cabildo eclesiástico y secular y los vecinos. Allí, Trejo y Sanabria pronunció con emoción el siguiente discurso: "Estrecho cauce es el de mi corazón para reflejar las avenidas de gozo que lo inunda por la venida del reverendísimo Padre Provincial de la Compañía y de sus religiosos compañeros y no siendo posible contenerlo dentro del pecho porque de gozo rebalsa, me fuerza a que los participe, también a vosotros, querido hijos míos, para que me ayudéis a dar las gracias al dador de todo bien, por esa señalada merced, por mi consagración, que sin este socorro no pudiese descargar mi conciencia, ni dar cumplimiento a las formidables obligaciones de mi oficio pastoral". Anoticiado que los jesuitas residentes en el Tucumán habían sido llamados al Perú, abandonado el país, pensó en renunciar al obispado "pero con la feliz llegada del padre Torres y sus compañeros, toda su tristeza se ha convertido en gozo y me veo por este gran título obligado a rendir afectuosísimas gracias a nuestro Señor por la merced que a mí y mis queridas ovejas, nos ha hecho en enviarnos varones tan señalados que yo miro como bajados del cielo para que me alienten en el cumplimiento de mis obligaciones y por su medio todas mis ovejas descubran pastos espirituales de saludable doctrina para la salvación de las almas.

Siento vívidamente, padres míos muy amados, hallarme afectado por la pobreza, en esta ocasión, cuando más que ahora quisiera ser un príncipe poderoso para acercarles superabundantemente con todo lo necesario pero quiera el cielo como espero asistirme con lo necesario para que refluya mi afecto en la fundación de varios colegios en mi dilatada diócesis para que en ellos vea yo logrado el descargo de mi afligida conciencia y la de mis sucesores y mis ovejas los medios conducentes a conseguir su eterna dicha.

Entre tanto haré de mi parte cuanto sea posible, mis padres, no echen menos nada y los favoreceré con el patrocinio de mi dignidad para que sean fructíferos sus trabajos y fatigas y vosotros fieles míos, aprovechaos de este don celestial y dando debidas gracias al señor de todo, disfrutando copiosamente las de ese soberano beneficio, acudiendo a valeros de estos apostólicos padres para bien de vuestras almas y las de los muchos indios vuestros encomendados, respetados y favorécelos en toda ocasión, que los necesitamos para promover los negocios de la gloria divina porque todo será en aumento del rebaño de Cristo, por medio de ellos los fieles ministros y en ornamento de esta república".

La gente que estaba en la catedral estalló en aplausos. El padre Torres besó su mano y, luego de agradecer el recibimiento tan cálido, le aseguró a perpetuidad de los jesuitas en estas partes, que les servirían como humildes y puntuales capellanes. Luego recorrieron a la ciudad, se encontraron con los compañeros que vivían aquí, el padre Romero y el padre Morelli, oficiaron misa y salieron en procesión por las calles, llevando la cruz seguidos por todos, españoles e indios, hasta regresar a la casa de la misión. Se recibieron limosnas que ayudaban al mantenimiento de los padres, pero consideraron que parte de ellas debían repartirse entre los pobres.

El padre Torres como provincial hizo las visitas de estilo al gobernador, al cabildo eclesiástico y al cabildo secular, y visitó las casas de los vecinos. También predicó y distribuyó tareas entre todos los misioneros. Pensó en dejar al padre De Viana al frente de la casa de Santiago del Estero y llevarse a Córdoba al padre Romero, que era muy querido en Santiago por españoles e indios y había logrado el respeto y la fama de Su Santidad.

Con pesar, el obispo se despidió de Torres y de Romero, al que había tratado desde su llegada a la sede de su obispado. El padre Torres había determinado que la ciudad indicada para sede de la nueva provincia era la Asunción por ser equidistante de los obispados de Asunción, de la que la separaban seiscientos leguas, de Santiago de Chile, más de doscientas, y unas cien de Buenos Aires. Allí se dirigió y al poco tiempo se fundaba el noviciado con los novicios que venían del Perú y habían llegado por mar a Chile, región a la que enseguida emprendió viaje.

El padre Torres fue Provincial entre 1607 a 1615, pero permaneció en estas regiones por muchos años, viajando entre el Tucumán, Chile, el Río de la Plata, el Paraguay y el Guayra. Estuvo en la fundación de la residencia jesuítica en la isla de Chiloé y en la fundación de las misiones en los pueblos guaraníes. Cuando el padre Torres inició su actividad como primer provincial en la provincia del Paraguay había diecinueve jesuitas en todas esas gobernaciones distribuidos en un colegio y tres residencias. Cuando concluyó su gestión en la provincia dejaba diecinueve casas entre colegios, residencias y misiones atendidas por ciento veintidós jesuitas, entre sacerdotes y hermanos.

NUEVE

Los Jesuitas se van de Santiago del Estero

Los padres jesuitas fueron notando resistencias de los indios para convertirse —sobre todo aquellos bautizados como era el caso de los indígenas de las encomiendas— a la religión católica. Vieron que los encomenderos no respetaban las Cédulas Reales de Carlos I y de Felipe II en cuanto a las obligaciones que tenían con sus encomendados, a las condiciones de trabajo y a la educación en la fe cristiana. Los encomenderos obligaban a trabajar a las mujeres y a los hijos de los indios sin ningún descanso, les prohibían todo tipo de actividad autónoma como posibilidad de ahorro, de realizar adquisiciones e incluso violaban la legislación que prohibía esclavizarlos, algunos hasta los vendían.

Al llegar a Santiago de Chile, el padre Torres resolvió liberar a los indios que la Compañía había recibido como donaciones de los encomenderos, pero además les pagó una indemnización y les ofreció continuar trabajando para la orden a cambio de un salario. Esta actitud enervó a los encomenderos y a la chusma que le gusta seguir a los poderosos. La resistencia se tradujo en la fuerte disminución de la concurrencia a la iglesia y de las limosnas, en la prohibición a los indios de asistir al templo de los jesuitas y algunos alborotos callejeros.

El padre Torres convocó a una Junta de Teólogos que le dio la razón y recordó la vigencia de las Leyes de Indias. Ya el padre Angulo en 1592 mandó una carta, desde Santiago del Estero al arzobispo de Lima, en la que reclamaba el incumplimiento de las Leyes de Indias y pedía que lo pusiera en conocimiento del virrey. Así lo hizo este prelado y, por su parte, el virrey le escribió a Felipe II adjuntándole la carta del padre Angulo

En 1609, el padre Angulo le pide también al obispo Rejo y Sanabria que elevara a la Corte un informe sobre los abusos de los encomenderos. El obispo accedió y envió un memorial a la Corte de Madrid. Por su parte, llegaba desde Roma una carta del padre General Aquaviva, que ordenaba a sus sacerdotes "a los indios que nos son adjudicados les tratemos tan justificadamente, así en el salario como en el sustento y acudimiento a todas sus necesidades, así espirituales como corporales, que los indios reconozcan el beneficio de ser nuestros y los españoles tomen ejemplo de cómo han de tratar a sus indios y hagan escrúpulo de lo contrario y con esto pensamos que se cumplirá más al justo con nuestras obligaciones".

El padre Torres liberó a los indios de Chile al servicio de la Compañía, un año antes de esta carta de su superior y de inmediato partió para Córdoba donde le esperaba, otra vez el conflicto, ante su decisión de proceder de igual modo que en Santiago de Chile.

El padre Torres enfrentó la resistencia de los españoles en Chile, Córdoba y Santiago del Estero por su postura con relación al trabajo de los indios. Este jesuita que inspiró las ordenanzas de Alfaro ha sido el más notable protector de los indígenas en la conquista, porque no se limitó a denunciar los abusos y el incumplimiento de las Leyes de Indias que establecían las obligaciones de los conquistadores para la población nativa, sino que luchó y enfrentó duramente a quienes explotaban el trabajo de los indios y no cumplían con sus obligaciones.

En Córdoba, donde la reacción también fue dura y se manifestó tanto en el cese de limosnas como en protestas en las calles y frente a la residencia jesuítica, decían que se perdería "La tierra", si se imitaba el proceder de los jesuitas. Dejaron vacía la iglesia porque también impidieron que fueran los indios, pues temían el efecto de los sermones en estas gentes. Unas fuertes tormentas y algunas pestes fueron consideradas mensajes de Dios y ello provocó que algunos se arrepintieran y volvieran a la iglesia con fuertes donativos en alimentos y animales, aliviando la situación de los padres que se vieron obligados a comer solamente los frutos de su huerto.

La reacción fue más violenta en Santiago del Estero, a pesar del apoyo del obispo al provincial. No solo los vecinos dejaron de ir a la iglesia de los jesuitas, también los sacerdotes de las otras órdenes los aislaron y no les dirigieron la palabra. También se les prohibió a los indios concurrir a la misa y calumniaron a los padres diciendo que provocarían la miseria de la población y que pretendían quedarse con los indios para usarlos en provecho de la orden. Fue de tal magnitud el enojo con la compañía que el obispo Trejo, siempre afecto a los jesuitas, se abstuvo de apoyarlos. Fue en vano explicar que cumplían con las leyes reales, que todo estaba en la legislación promovida por Carlos I y Felipe II y, en todo caso, los que estaban en falta eran los gobernadores que no las hacían cumplir; no faltó quien dijera: "¿quién es el rey para meterse con mis indios?".

El padre Provincial resolvió partir a San Miguel de Tucumán con todos los padres de la Compañía. En esta ciudad, que ya pretendía ser la capital de la gobernación, ubicada —como lo describe Torres— en tierras muy fértiles, linderas a grandes montañas y donde crecían toda clase de frutos como "un jardín de las hespérides", pretendían la instalación de un Colegio, algo que hasta ese momento no se había podido satisfacer por falta de sacerdotes.

La actitud avarienta y fuera de la ley de los encomenderos de Santiago del Estero facilitó las cosas a los tucumanos. No será la última estupidez, como veremos enseguida de los santiagueños, que generaciones después se han sentido "despojados" por haber perdido la capitalidad de la gobernación o la sede del obispado creyendo que eso fue la causa de la decadencia y la pobreza secular. Eso de culpar al otro en vez de hacer introspección y buscar los errores propios, cuando las causas estuvieron en las decisiones que adoptaron y de las que, como en toda acción humana, se debe asumir la responsabilidad, sobre todo en el error.

Fueron recibidos en San Miguel de Tucumán, la ciudad fundada por indicación de Francisco de Aguirre, el más notable de los conquistadores de esta parte del mundo, sin mengua de méritos de otros personajes como Ramiro de Velasco, con contento y algarabía que se pusieron a disposición de los padres con su trabajo y donativos. Entre ellos se destacaron el gobernador Alonso de Ribera con quinientos escudos y el vecino García Medina. Los vecinos pusieron manos a la obra para acondicionar la residencia de los padres y construir una capilla provisoria. El colegio fue dirigido como rector por el padre Luis Leiva y quedaron con él cuatro padres más. El provincial Diego Torres emprendió viaje al Paraguay donde enfrentaría otra tormenta por la cuestión de las encomiendas.

En el camino se entrevistará durante dos días con Don Francisco de Alfaro,(padre de un jesuita, Diego de Alfaro), miembro del Real Consejo, enviado por el rey Felipe III, para analizar la cuestión de las encomiendas y el cumplimiento de las Reales Cédulas. La reunión es en las cercanías de Buenos Aires. Luego Torres de dirige a Córdoba.

Luego llega Alfaro y se reúne con teólogos y juristas. De estas conferencias saldrán las ordenanzas de Alfaro, redactadas por el padre Torres, que ratifican los derechos y las libertados de los indios y las obligaciones de los encomenderos a cambio de los servicios personales que estos les prestan. Participan de las deliberaciones y firman el dictamen el obispo del Tucumán Trejo y Sanabria, Alfaro, el gobernador Alonso Ribera, el tesorero Francisco

Salcedo, Fray Castillo de Azul, Luis Quiñones Osorio, Fray Pedro Copy Valero y el licenciado Antonio Rosillo. Este documento llegó a conocimiento de los indígenas que consideraron a los jesuitas como sus padres y protectores.

Los encomenderos presentaron una apelación que llegó, en instancia final, al Consejo de Indias, que la rechazó y ratificó las ordenanzas.

Cabe agregar que el virrey del Perú, Marqués de Montesclaros, reprenderá severamente al gobernador Alonso de Ribera por no haber sido capaz de enfrentar a los encomenderos e imponer el cumplimiento de la legislación real.

Pero no solo de los indios se ocupó el padre Torres. En Quito observó que estaban llegando muchos esclavos africanos para servir a los españoles en sus propiedades agrícolas y en sus minas. Cuando ingresó en la nueva provincia jesuítica del Paraguay observó que en todos los pueblos había esclavos o como se decía entonces "negros" y en Buenos Aires, en cuyo puerto desembarcaban todos los que se vendían para las distintas regiones como Asunción, Chile, el Tucumán y el Alto Perú, tuvo la idea de interesarse en su religión. Se decía que eran bautizados al ser comprados a los traficantes que los llevaban a los puestos europeos en África. Ese comercio estaba en manos de los árabes o de reyezuelos tribales que vendían a los prisioneros obtenidos en sus guerras locales. Los europeos estaban en la costa, allí compraban y embarcaban, yen América del Sur, desembarcaban en Cartagena de Indias o en Buenos Aires.

Se suscitaron dos cuestiones vinculadas con la religión que dieron lugar a discusiones teológicas. Una era la validez del bautismo si provenía de un hereje, tal como se llamaban a los protestantes, y si estos esclavos no debían ser rebautizados. La otra era si los africanos bautizados tenían consciencia del acontecimiento o simplemente se había derramado agua bendita sobre sus cabezas, recitado las fórmulas prescriptas, pero sin el conocimiento cierto de lo que se trataba tal ceremonia.

El padre Torres se preguntaba esto y resolvió investigarlo averiguando por sí mismo, preguntándoselo a ellos, a estas infelices víctimas del tráfico. Por supuesto que comprobó que casi ninguno había tenido un bautismo valedero, por lo tanto, se preocupó por estas personas y por la forma de aliviar su condición, aunque fuera por vía de las esperanzas que da la religión.

El padre Torres bregó por la instrucción religiosa y el acceso a los sacramentos de los africanos esclavizados. La Compañía tuvo esclavos, pero nunca separó familias, no los vendían y vivían juntos los matrimonios y sus hijos. También preparó a sacerdotes de su orden para que se ocuparan de la evangelización de ellos y fomentó el conocimiento de sus lenguas.

Insistió y logró del arzobispo la creación de parroquias de "negros" y, en sus últimos años, ya cerca de los ochenta, el padre Torres creyó que debía dedicarse con exclusividad a la salvación de las almas de los negros esclavos por eso, considerando que en Córdoba todo estaba funcionando bien, emprendió viaje hacia el Norte. Pasó por Santiago del Estero, donde apagó los fuegos de disputas vecinales y siguió hasta Potosí. Allí, atraídos por las riquezas de su cerro, moraban más de 6 mil españoles, unos 50 mil indios que laboraban en las minas y unos 15 mil negros. Pasó un tiempo entre ellos bautizando, dando sermones, confesando, dando la comunión. Luego de un tiempo, se fue a Charcas. Allí siguió confortando con la religión a los africanos hasta los 85 años en que una enfermedad lo postró en la cama. Así pasó los últimos tres años de su vida el primer provincial de los jesuitas en estas provincias, rezando para pedirle a Dios que se lo llevara para no ser una carga para sus compañeros. El funeral fue una apoteosis, todos los dignatarios reales y eclesiásticos estuvieron en su entierro.

Desde su estadía en América, el padre Torres tuvo preocupación por el reconocimiento de la dignidad humana de los indios y su libertad. Cuestión que ya está en épocas de Isabel la Católica, que en su testamento se refiere a la libertad de los indios y que se ratifica en las leyes de Burgos de 1512, durante la regencia de Castilla de Fernando de Aragón, y vuelven a reiterarse en el mismo sentido con decretos de Carlos I en1520 y 1526.

Estas cuestiones se suscitan en un siglo de enormes cambios, aunque el tema de la dignidad de la persona humana está claro ya en las raíces judeocristianas de la civilización occidental. En el Concilio de Trento se ratificará este concepto, llevado por los padres jesuitas Diego de Láinez y Alfonso Salmerón, y que se estaban planteando ya en España, donde se había ido reformando la iglesia como se manifiesta en la creación de la orden de los Teatinos, el remozamiento en los franciscanos, la creación de la Compañía de Jesús, proceso que alcanza su cenit con los grandes místicos como Juan de la Cruz y Santa Teresa de Ávila.

En este mundo que comprueba la redondez de la tierra, descubre otro continente, llega por mar desde el Atlántico al Índico y el Pacífico y a los imperios asiáticos, donde la imprenta pone el libro al alcance de más personas y Lutero con su reforma divulga la biblia al traducirla al alemán, el desafío para la iglesia Católica de adecuarse a las nuevas realidades tuvo en los jesuitas y en el Concilio de Trento las bases para superarlos y lograr una enorme expansión en los nuevos territorios abiertos al espíritu emprendedor de los europeos de entonces.

Ignacio de Loyola instruyó a los teólogos jesuitas que participaron el Concilio de Trento que evitaran la discusión pública de las diferencias con los protestantes para hacer más hincapié en las buenas costumbres y en las devociones en uso de la iglesia. En el concilio destacan la voluntad libre del hombre y de ahí su responsabilidad como artífice de su propio destino.

Es que para los jesuitas la vida es una tarea fuente de una vocación personal tomada en libertad por el cual el hombre es llamado a salvarse de sí mismo y asegurar su forma de vida. El jesuita aprende a ver a las personas, en tanta diversidad, en trajes como en gestos, unos blancos otros negros, unos en paz, otros en guerra, unos llorando, otros riendo .

Diego de Torres ha recibido todo este bagaje cultural y lo muestra en el memorial que, estando en Valladolid, ha sido designado por el Provincial del Perú como Procurador ante el Padre General de esa provincia y redacta un documento para presentar el presidente del Consejo de Indias Don Pedro Fernández de Castro. En dicho texto, el padre Torres dice que el descubrimiento de América responde a un designio divino para que los habitantes indígenas del continente reciban la fe cristiana y que esa es la tarea principal para los gobernantes de esos dominios, siendo accesorias las riquezas materiales de América.

Denuncia las tropelías y excesos de los encomenderos, y también incluye entre los que cometen excesos a parte del clero. Por eso, no se limita a denunciar y propone elegir a los doctrineros y prebendados entre curas nacidos o criados en América, por conocer las lenguas y las costumbres de los indios y "no tener codicia de venir a España". Explica, también que los caciques ejercen gran influencia en las tribus, por eso recomienda fundar en cada ciudad, sede de un obispado, un colegio seminario para educar a los hijos de los caciques, para que estos, a su vez, luego instruyan a su pueblo.

Escribe que "otro agravio es que apartan a los pobladores indígenas reducidos a servidumbre de la doctrina y de sus mujeres. Se impide el fruto y bien espiritual de sus almas y por lo otro la propagación y generación de sus hijos. Esto se ve en las minas, en los trajines, en el servicio de ciudades, trapiches, obraje y viñas, en todos lo cual andan apartados de sus mujeres y es toda la vida sin que los dejen respirar ni…".

En 1608 reúne la congregación de Chile que da lugar a los tumultos comentados en otro párrafo. También vuelve a dar muestras de sus inquietudes en relación al trato con los indígenas en las instrucciones a los misioneros que irán al Guayrá, que reitera en ocasión de mandar otras misiones.

En las cartas "annas", la comunicación anual de las novedades al Padre General, escribe "tres razones hay de la injusticia del servicio personal, la primera es por imponer perpetua servidumbre al hombre libre…, en que no se le paga justo precio…que debe ser por lo menos suficiente para el sustento y vestido de él, su mujer y sus hijos y ahorrar algo, el tercer agravio es trabajarlos demasiado".

El Regreso de los Jesuitas a Santiago del Estero y la Fundación del Colegio

En Santiago del Estero se dejan las tareas de evangelización de los indios paganos, pero también abandonan la religión los indios bautizados. Por otro lado, el obispo observa "el libertinaje" en los vecinos españoles por eso, lamentando la ida de los jesuitas, busca su retorno.

Vuelven los jesuitas y se decide con el apoyo de Trejo y Sanabria la fundación del Colegio al que el obispo cede parte de los diezmos y propiedades para pagar los gastos de instalación y mantenimiento de padres y alumnos.

Trejo había gestionado la creación del Colegio Seminario y el Rey Felipe III firmó la real cédula en Segovia en 1609.

El Acta de creación definitiva del Colegio Seminario de Santa Catalina se firma el 16 de diciembre de 1611 y, con esto, queda establecido el retorno de los padres de la Compañía de Jesús. El Acta se inicia de esta manera "Estando juntos y congregados el Reverendísimo Señor Don Fray Fernando de Trejo y Sanabria, obispo de este obispado y el Sr. Don Francisco de Alfaro, Oidor de la Real Audiencia de la Plata, Visitador General de esta Provincia y de las del Paraguay y Río de la Plata y el Sr. Don Luis Quiñones Osorio, Caballero de la Orden de Alcántara, Gobernador y Capitán General de esta provincia y el Sr. Padre Diego de Torres de la Compañía de Jesús, Provincial de las del Tucumán, de Chile y Paraguay". En el acta se establecen las obligaciones de los padres jesuitas y los aportes a recibir, como también queda claro que la dirección es de ellos sin interferencias del prelado a cargo del obispado y con la obligación de colaborar en un servicio dominical en la catedral.

Se hace constar que el Rey aporta de sus rentas 2 mil pesos anuales para sostenimiento de los alumnos y un maestro de gramática. El obispo cede al Colegio un tercio de los diezmos percibidos en la ciudad de Santiago del Estero y el oidor Alfaro trescientos pesos de las rentas de Soconcho y Manogasta. Trejo y Sanabria también le transfiere a la Compañía para ayudar al colegio La estancia de Quimilpa que, según relata el Padre Torres en las "annuas" dirigidas al Superior, en cada año puede sostener hasta diez padres con sus ingresos. Quedan instalados dos sacerdotes, dos hermanos coadjutores y un maestro de gramática. En las actas, también se especifica el uniforme de los colegiales. Serán seis los que ingresen.

Las condiciones estipuladas entre el obispo y el provincial, según consta en los archivos de la Universidad de Córdoba, establecen que *"en primer lugar la Compañía no se encargaría absolutamente de dicho seminario hasta tener la aprobación del nuestro Padre General, quien, si nos la concediese, tendría el rector de nuestro Colegio la preponderancia de él, señalando para que los gobernase un clérigo idóneo".*

La segunda, pidió su Ilustrísima que la Compañía señalara luego un maestro de gramática y en estando los colegiales hábiles, otro de mayores y otro para tener casos de conciencia a su tiempo.

Tercero que los seis colegiales sustentados con la renta del seminario vistiesen ropas pardas y becas azules como en el Santo Toribio de Lima y solo debieran concurrir a la catedral los domingos y fiestas principales y si la Compañía quisiera admitir otros colegiales pagando ellos sus alimentos pudiese hacer y estos para distinción trajesen becas coloradas y no tuviesen obligación alguna de asistir al servicio de la catedral.

Cuarta y que, en el gobierno de dichos colegiales, no se pudiese, meter, el prelado de la diócesis, ni la sede vacante como es práctica en los otros seminarios que en varias partes del mundo gobierna la misma Compañía.

La quinta sobre lo que para el sustento de los Padres que atendiesen a la enseñanza y gobierno del seminario ofreció su Ilustrísima sobre los 1100 pesos el tercio de los diezmos de la ciudad de Santiago que solían ser de cuatrocientos a quinientos pesos.

Sexto se obliga a acabar la casa que está labrando para dicho Seminario, con suficiente habitación para los seis colegiales y jesuitas necesarios, para capilla, dos aulas y las oficinas convenientes y para servicio y reparo de la Casa y cultura de una huerta de recreación, daría dos esclavos y el Visitador y Gobernador, dejarían señalados indios de mita y finalmente ofreció el obispo que en caso de poder adquirir suficientes bienes dotaría al Colegio de la Compañía de Santiago, que era deseo suyo muy antiguo, para que con mejor asiento pudiesen perseverar allí los jesuitas y amparar el Seminario".

El padre provincial Diego Torres dio más de lo prometido, pues designó como rector al padre Juan Romero, superior de la residencia de Buenos Aires y considerado el más autorizado de la provincia del Paraguay; y maestro de gramática al padre Marco Antonio Doyatero, eminente en letras "humanas". Para ejercer los ministerios de la Compañía a los padres Juan Darío y Hernán Morelli, "varones apostólicos". El hermano Eugenio Valtodano para las cuestiones temporales.

Trejo y Sanabria fallece en 1614. En los primeros años todo funciona bien, pero luego comienzan los problemas con sus sucesores como el obispo Torres y el obispo Maldonado y el Cabildo que no respetan lo acordado y quieren controlar el colegio y que los alumnos concurran largas horas a la catedral para sus servicios lo que afectaría las horas de estudio. Por otra parte, el rector sostiene, al negarse a lo dispuesto por el Obispo, que las funciones de la catedral no se ajustan a lo establecido en el Concilio de Trento ni a las reglas de la compañía. Por todo esto, los jesuitas dejan el Colegio en 1634, haciéndose cargo el clero secular. Se inicia una larga decadencia descripta por un funcionario real años después: solo hay dos alumnos, pobremente vestidos y que reciben algunos rudimentos de gramática. Esta institución perecerá cuando se formalice el traslado de la sede episcopal y la catedral a Córdoba, que en los hechos se había efectivizado mucho antes.

Pocos años después, al inicio del siglo XVIII, al gobernador Esteban Urizar y Arespacochaga le llamaba la atención la escasa educación de los santiagueños, ya que los jóvenes de la clase "decente", como se denominaba a los que ahora calificamos como clase alta, no sabían ni siquiera leer ni escribir. Por eso el comentario del párrafo anterior de la estupidez de algunos vecinos de esta ciudad que tanto perjudicó el desenvolvimiento de esta provincia. Algunos pocos jóvenes pudieron ir a Córdoba, pero luego no volvían y recién durante la presidencia de Sarmiento y el gobierno de los Taboada, Santiago del Estero logró un colegio secundario, el colegio nacional. En 1869, el censo nacional mostraba que la provincia tenía el 96 por ciento el mayor número de analfabetos y no había nadie con estudios secundarios o universitarios.

Los jesuitas dejaron el Colegio, pero no abandonaron su tarea de evangelizar indios y negros y en el siglo siguiente formarían con la instalación de reducciones indígenas la línea de defensa de Santiago del Estero con los indígenas del este del Salado, que con sus malones atacaban las poblaciones ribereñas y cercanas al Dulce.

El clero secular de Santiago también intrigó para evitar que el Colegio de Córdoba diera grados de Maestro y Doctor. Otorgar grados académicos era lograr el reconocimiento como Universidad, distinción que además obtuvo el Colegio de Santiago de Chile. Estaban cuestionando una bula papal, pues fue Gregorio XIV quien aprobó la elevación de estas casas de estudios de los jesuitas y que fuera ratificado por el Rey. El pleito se dirimió en la Real Audiencia de Chuquisaca (ciudad también conocida como La Plata y como Charcas) y fue favorable a los jesuitas que lograron contar con dos universidades en la provincia Jesuítica del Paraguay.

Tampoco dejaron de estar en el oeste de la Provincia, como lo veremos en el punto siguiente.

Hay que aclarar que las primitivas edificaciones fueron abandonadas cuando la ciudad se corrió unos centenares de metros hacia el oeste en 1637, por las crecidas del Río Dulce. Es cuando se construye la residencia el colegio y la iglesia en los terrenos que hoy ocupa Santo Domingo.

Los jesuitas recibieron en Santiago del Estero para su sustento y sus obras tres manzanas, una de ellas adquirida al Colegio de Tucumán en 1615 y otra al año siguiente, recibida en donación de Julián Martínez de Carrillo. El obispo Trejo y Sanabria, terrenos en la ciudad, una casa, chacras al lado de la acequia real; la hacienda de San Francisco del Monte a dos leguas de Santiago del Estero, y una chacra adquirida a Elena Cabrera, hija del fundador de Córdoba Jerónimo Cabrera y otra que fuera del capitán Miguel D'Avila. Francisco de Salcedo, Deán de la catedral donó en 1615 casas y tiendas, colindantes con los herederos de María de Godoy y con el inmueble propiedad del capitán Miguel Álvarez de Ávila, una chacra que se extendía sobre la acequia principal.

La estancia de Maco y el Palomar en Santiago, San Ignacio en Tucumán y Quimilpa en Catamarca, fueron los otros bienes que recibieron de Trejo y Sanabria.

DIEZ

Los Jesuitas en los Valles Calchaquíes y La Rioja

Cuando desde Santiago del Estero partió para fundar la ciudad de la Rioja, Ramírez de Velasco cedió una casa y un campo a la orden de San Ignacio de Loyola. Sin embargo, la falta de sacerdotes postergó la instalación de la Compañía en esta ciudad. Recién en 1624, con la donación testamentaria del gobernador Luis de Quiñones Osorio de 8 mil escudos de oro y doce siervos —y aprovechando que en esos años llegaban sacerdotes de Europa— se pudo establecer la casa y Colegio de la Rioja.

Los jesuitas habían penetrado en Catamarca desde Santiago del Estero, buscando convertir al cristianismo a los diaguitas, y en los Valles Calchaquíes donde establecieron residencias en pleno territorio indígena. No era fácil llegar al corazón y a las mentes de estas tribus. Las tropelías de los encomenderos de Salta y Tucumán y la búsqueda de indios por la fuerza para obtener mano de obra servil fueron endureciendo a los nativos contra todo lo español. Los padres lo advertían y lo denunciaban ante las autoridades.

Algunos españoles se molestaban contra la compañía porque esta no solo actuaba como una barrera protectora de las fincas de ellos contra posibles ataques indios, sino que también colaboraba en impedir las malocas de españoles en busca de indios para su servicio. Algunos españoles decían que la actitud de los padres les impedía darle el escarmiento que se merecían.

Todo esto llevó a una serie de guerras sangrientas que estallaron en 1630, y con períodos de tregua y paz, prosiguieron durante una gran parte de este siglo. A los calchaquíes se les sumaron los Andalgalá y los Famatina. Fue Quilmes uno de los focos de resistencia y no faltó un aventurero andaluz que se presentó como un inca y se puso al frente de tribus rebeldes.

Lo interesante de estas guerras que llevaron a la destrucción de Londres (Catamarca), fundada por Pérez de Zurita, en el siglo anterior, y de la Rioja, que debió ser casi abandonada, fue que las residencias jesuíticas no fueron atacadas. En numerosas ocasiones, los jesuitas lograron ser mediadores entre españoles y caciques y arriesgaron la vida como aquel jesuita que ante un cacique se arrodilló y abrió su pecho para el ataque, gesto que desarmó al agresor y logró pacificar la situación.

ONCE

La Sábana Santa

La Sábana Santa es el lienzo o paño de tela, de sarga, que envolvió el cuerpo de Jesucristo, cuando fue descolgado de la cruz y llevado al Santo Sepulcro. Es una cuestión de fe que se ha sometido a pruebas científicas, que no han desmentido esta posibilidad.

La Sábana, también conocida como el Manto Sagrado, Santo Sudario, Santa Faz, Santo Manto, es una reliquia que estuvo en varios sitios a lo largo de los siglos hasta que llegó a Turín, Italia. El interés por este lienzo de lino se despierta porque en él ha quedado plasmada la imagen de Jesús.

La Sábana Santa se encontraba en el sepulcro, que había dispuesto José de Arimatea, y estaba vacía, luego de la resurrección. Es una fina pieza de lino de tres pies y siete pulgadas de ancho y catorce pies y tres pulgadas de largo. El manto lleva la imagen del frente y la espalda de un hombre que fue crucificado de la misma manera que Jesús, de acuerdo a lo descrito en las Escrituras. Además de la imagen humana de la tela, dos líneas obscuras paralelas con algunos triángulos blancos evidencian los daños producidos por el incendio de 1532.

De esta pieza se tiene conocimiento desde los inicios del cristianismo y se sabe que salió de Jerusalén hace largos siglos, posiblemente traída por los Cruzados. Fue propiedad de la familia Charny, durante el siglo XIV.

El Lienzo sufrió un incendio en 1532. Luego del mismo, las Hermanas Clarisas tuvieron a su cargo, a dos años del mismo, el zurcido del lienzo, para atenuar los daños producidos por el derrame de la plata fundida en un ángulo del mismo y que afectó a los pliegues con que estaba doblado el manto.

Los evangelios dicen que el manto que envolvió a Jesús se encontraba plegado. Fue recogido y custodiado por los cristianos. Para los hebreos, los lienzos que envolvían los cadáveres, eran objetos impuros que no deben ser expuestos. En el siglo II estuvo en Edessa, en lo que hoy es Turquía. En el siglo V fue restaurada la iglesia de Santa Sofía en esa ciudad, se encuentra ese lienzo. En el año 944 los bizantinos en una campaña contra los árabes, que estaban controlando la ciudad, la rescatan y la llevan a Constantinopla. En1147 es venerada por Luis VII durante su estadía en esa ciudad.

En 1204 Robert de Chary, cronista de la IV cruzada escribe: "Todos los viernes la Síndone es expuesta en Constantinopla… pero ninguno, sabe que ha sido de la tela después que fuera saqueada toda la ciudad". La sábana desaparece de Constantinopla y se cree que, por temor a las excomuniones, castigo que pesaba sobre los ladrones de reliquias, se genera el ocultamiento. Se supone que fue llevada a Occidente y ocultada por los caballeros templarios, orden condenada y disuelta a comienzos del siglo XIV.

En 1356 un cruzado de nombre Geoffroy de Charny, entrega el Sudario a los canónigos de Lirey, cerca de Troyes, en Francia, este caballero había poseído la sábana por tres años. En 1389 el obispo de Troyes prohíbe la exhibición del sudario. En 1453 Margarita de Charny, descendiente de Geoffrey cede la Sábana Santa a Ana de Lusignano, esposa del Duque Ludovico de Saboya quien lo llevará a Chambéry. En 1506 el Papa Julio II aprueba la misa y el oficio propio de la Sindone, permitiendo el culto público.

En 1552, en Chambéry en la noche del tres al cuatro de diciembre, un incendio afecta a la Sábana Santa. La urna de madera revestida de plata que guardaba el Sudario se quema en una esquina y algunas gotas de plata derretida atraviesa los distintos estratos plegados del lino. Se envuelve el paño en dos similares, uno por delante y otro por atrás del original. Dos años después las Clarisas coserán los parches que se observan en la actualidad. Es el momento en que se advierte, según una tradición oral, que los paños que en que envolvió el Santo Sudario se convierten en dos copias perfectas de la actualidad.

Las guerras de la época provocan que el Sudario y sus copias se trasladan a distintas ciudades, como Turín, Vercelli, Milán Niza, y de nuevamente a Vercelli donde permanecerá hasta 1561, cuando vuelven a Chambéry. En 1578 Emanuel Filiberto de Saboya (savoia) transfiere la reliquia y sus dos copias a Turín, para acortar el viaje de San Carlos Borromeo, que quería venera la reliquia para cumplir un voto. Desde entonces se exhibió en celebraciones particulares de la Casa de Saboya como jubileos. Se cree, sin respaldo documental, que por esos días el Papa donó una copia al Rey de Francia y la otra al Rey de España. La Sábana original, fue donada por el último rey de Italia Humberto II de Saboya, al papado, al fallecer en 1983.

Algunos, sostienen que la Sábana Santa es un lienzo pintado en la edad media, sin embargo, los estudios científicos, han demostrado la antigüedad de la misma, quedando claro que es del siglo I después del nacimiento de Cristo y que es una tela que viene de los antiguos reinos de Israel. No hay ningún signo de pintura y otro elemento interesante, es que muchos sufrieron la muerte por crucifixión, pero ninguno, las torturas que soportó Jesús y que hacen coincidir lo relatado en los evangelios con lo que se observa en el lienzo.

Ha dicho de la Síndone el Papa Francisco: "Este rostro desfigurado se asemeja a todos los rostros a todos los rostros de hombres y mujeres heridos por una vida que no respeta su dignidad, por guerras y violencias que afligen a los más vulnerables.

Sin embargo, el rostro de la sábana, transmite una gran paz, este cuerpo torturado expresa una majestad soberana. Es como si dejara transmitir una energía condensada pero potente, es como si nos dijera: Ten confianza, no pierdas la esperanza, la fuerza del amor de Dios, la fuerza del Resucitado, todo lo vence. ¿Cómo es posible que el pueblo fiel quiera detenerse ante este ícono de un hombre flagelado y crucificado?" se pregunta el Papa que añade "Porque el hombre en la sábana santa nos invita contemplar a Jesús de Nazaret". El papa Francisco también dijo que "El rostro de la Síndone tiene los ojos cerrados, que es el rostro de un difunto, pero, sin embargo, misteriosamente nos mira y en el silencio nos habla"

Una copia está en Francia, la que se atribuye enviada al rey Felipe II, sin documentación que lo avalara, se sostuvo que estaba en Santiago del Estero, pero no hay conocimiento de donde puede estar. En el siglo XVI llegó una copia, en una tela diferente pues es de lino, traída por los jesuitas. Esto lo cita el padre Lozano en su Historia de la Provincia del Paraguay y consta en la documentación del inventario levantado con la expulsión de la orden en 1767 y fue entregada con la iglesia y la residencia en 1795 a los dominicos, el lienzo estuvo en manos, en esos años, de la familia Díaz Gallo cuya casa estaba enfrente de la residencia jesuítica y que fue reconstruida en 1819, luego del terremoto que destruyó Santiago del Estero por un descendiente, el cura Díaz Gallo, congresal de Tucumán y confesor de Felipe Ibarra.

En el 2014 se hizo la restauración de la copia de la Sábana Santa y se analizó sus telas y pinturas.

Información Técnica
Fecha: primera mitad del siglo XVII, Europa
Material textil: Soporte Lino trama y urdimbre, fibra vegetal costuras hilo seda - intervenciones previas algodón
Ligamento: tafetán
Técnica: imagen gouache
Leyenda tinta ferrogálica
  "VERUM SACRAE SINDONIS EXEMPLAR ASSERVATAE TAVRINI"
  EJEMPLAR AUTENTICO DE LA VERDADERA SINDONE QUE SE RESGUARDA EN TURÍN
Medidas Largo total 433 Ancho: 101 cm

El Padre Pedro Lozano SJ en su Historia de la Provincia del Paraguay dice que el Padre Torres Bollo estuvo en Turín, donde estaba la Corte de los Saboya, y que impresionados por su piedad y su trato le permitieron ver y venerar la Síndone y obtener una copia. La misma vino con él a América en el viaje de regreso como procurador de la provincia del Perú. Al salir de Panamá, en el Pacífico se desató una tormenta que les hizo temer a los tripulantes y pasajeros de la nave el naufragio y que entonces Diego Torres, buscó en su baúl, la sábana, la mostró a todos y los invitó a arrepentirse de sus pecados y orar y de inmediato la tormenta cesó. Arribaron al Perú todos enteros y salvos y recibido por el Virrey, contó lo acontecido, mostró a pedido de él, el lienzo copia de la sábana santa de Turín. Todo indica que ese es el origen de la Sábana Santa que se exhibe en la iglesia de Santo Domingo en los antiguos solares de la Compañía de Jesús, teniendo en cuenta que los padres jesuitas llevaban con escrupulosidad las anotaciones de todos los hechos y acciones que emprendían facilitando así la redacción de los cronistas como el padre Pedro Lozano SJ.

DOCE

La Cruz de Matará

Los sacerdotes dedicados a la evangelización de los indios debían afrontar los desafíos de explicar la Biblia, tanto el Antiguo Testamento como los evangelios, a estos pueblos con las dificultades del idioma y la carencia de escritura en esas lenguas americanas. Para eso debieron recurrir a otras formas de comunicación.

El que esto escribe, visitando hace un tiempo la Casa de la Moneda de Potosí encontró en una sala una serie de grandes pinturas que era el relato bíblico. Ahí estaba la creación del mundo y el primer hombre, de acuerdo al génesis, la tentación, la expulsión del paraíso terrenal, el diluvio, la torre de Babel, las tablas de la Ley recibidas por Moisés en el Sinaí, el nacimiento de Jesús, la pasión y muerte, la resurrección, etc. Explicaba el guía que esos cuadros se habían pintado en el siglo XVI para explicarles a los indígenas la Biblia.

Eso mismo lo hicieron los padres jesuitas con la Cruz de Matará, que ha tomado su nombre de la tribu de los Matarás, habitantes de los montes al este del Salado, en Santiago del Estero. Se calcula que la cruz fue tallada con madera del mistol, árbol que forma parte de las selvas santiagueñas, tal vez por alguno de los jesuitas que allí misionaban o por un indígena recientemente bautizado.

La cruz estuvo durante generaciones al cuidado de la familia de Don Amelio Sosa Ruiz y al fundarse la Diócesis de Añatuya, en 1961, fue trasladada a la catedral de esa ciudad para luego ser ubicada en el pueblo de Estación Matará, cuando en esa localidad se instaló un sacerdote como residente permanente para atender la iglesia.

La cruz está compuesta de dos partes: la madera vertical de 47 centímetros de largo y la horizontal de 17, unidas entre sí por clavos del mismo material. Las dos partes se ensamblan debido a la talla practicada en ambas piezas, en la parte en que se superponen.

La parte inferior del madero mayor se angosta a medida que avanza hacia su base, que se encuentra degastada porque en un tiempo estuvo calzada en un pedestal, hoy extraviado. Su superficie se halla cubierta por variados motivos tallados, salvo en tres sectores, y en buen estado, considerando que tiene más de cuatrocientos años de antigüedad.

Para entender la cruz se la divide en cinco partes. La primera, en el extremo superior, posee tres signos identificados con la A, la O y una M de mayor tamaño. El conjunto ha sido interpretado comparando a la A con la letra alfa y la O con la omega, principio y fin de todas las cosas en tanto la M es la inicial de Matará. Debajo hay un número romano correspondiente al I y una cruz griega y al descender la palabra ATA y una r y a en minúscula con un motivo no descifrado, aún. El conjunto en su totalidad vuelve a referirse a Matará, se-

guido por los números 1,5 y 9 y otro indescifrable que indicarían el año de la cruz o del inicio de la evangelización en la región, 1594. También en el sector hay una cruz griega.

La segunda parte está tallada sobre el madero horizontal y en ella destaca la figura del Señor crucificado (de la cintura hacia arriba) que se completa en el madero mayor con el resto del cuerpo. Su cintura es sumamente estrecha, el tórax se ensancha y sus brazos se extienden hacia arriba en evidente posición de haber sido clavado. La cabeza está coronad por espinas y se halla enmarcada por una aureola claramente perceptible. Una falda recubre el cuerpo desde la cintura y sus pies se hallan sobre lo que parece ser un soporte.

En la tercera parte, a la izquierda del Señor, en el madero menor, figura un cometa que es la estrella de Belén con la luna y el sol, evidenciando la primera la muerte de Cristo en plena Pascua y el segundo, símbolo primario de la vida, la luz y la fuerza, cualidades que caracterizaron a Jesucristo "El sol que nace de lo alto".

En la cuarta, del madero menor se observa el martillo con el que Cristo fue clavado y un cáliz sobre el que descansa una pequeña cruz o dos espigas atravesadas, con una hostia, símbolos, sin duda, de la última cena y la santa misa.

La quinta parte, en el extremo inferior del madero vertical, presenta cuatro segmentos bien diferenciados, el primero es aquel en que se observan los cordeles, la lanza, la escalera y los clavos utilizados para flagelar a Jesús, atravesarle su pecho, bajarlo de la cruz y crucificarlo; el segundo el que nos muestra al gallo que cantó dos veces cuando la negación de Pedro bajo el cual parecen encontrarse los dados con los que la soldadesca romana se repartió las vestiduras de Jesús; el tercero es en el que aparece una figura femenina con rasgos y vestimenta española que simboliza a la Virgen María al pie de la cruz y el cuarto en el que se observan cuatro lenguas de fuego bajo la cual aparece una extraña figura vestida, en apariencia, con plumas que podría representar a un cacique en actitud de súplica, con los brazos cruzados sobre su pecho. El conjunto simboliza a un jefe tribal implorando a María Santísima su intersección para salir del Purgatorio (las cuatro lenguas de fuego) y la salvación de su alma a través del martirio de Cristo.

La Cruz de Matará es entonces una explicación del evangelio, escrita en un madero, con figuras y símbolos. Les dijeron con la cruz a los indios que venían a hablarles de Aquel que es el principio y el fin de todo, el alfa y el omega. Les venían a hablar de Dios, el que había creado todo por amor. El creó el sol, la luna y puso las estrellas en el cielo.

Le relataron como los hombres se alejaron de Dios y como este envió a su hijo único, Jesucristo, para salvarlos. Les hablaron de su nacimiento en Belén, de la estrella que guio a los magos y cómo pasó por el mundo, haciendo el bien u obrando prodigios y milagros.

Hablaron de la última cena y como Jesús se ofreció en sacrificio con su cuerpo y sangre hechos pan y vino en la Eucaristía, antes de ser apresado. Les contaron de la negación de Pedro, antes de que el Gallo cantara tres veces. Siguieron contando que fue conducido ante Poncio Pilatos, quien lo mandó a azotar y como los soldados le despojaron de sus vestiduras y jugaron a los dados su manto.

Les relataron cómo fue condenado a morir en la cruz y con martillos y clavos, se clavaron sus manos y sus pies. Se habló de su madre, la Virgen María, que lo acompañó hasta el final en sus sufrimientos, hasta que sin más resistencia entregó su alma y murió. La luna llena de la Pascua judía fue testigo de la muerte del Hijo de Dios.

Se les contó, como poco después un soldado le atravesó el costado con una lanza para comprobar si había muerto para bajar su cuerpo de la cruz para sepultarlo. También se les dijo cómo tres días después, Jesús resucitó glorioso de entre los muertos para liberar a los hombres de las llamas del infierno que se habían ganado al alejarse de Dios y cómo podían ellos, los Matará, hacer propia esa salvación aceptando y honrando a Jesucristo como su Dios y Salvador. De esta manera llegó el mensaje cristiano a estas tribus, cuyos descendientes, mestizados con los descendientes de los conquistadores siguen adorando por estos días.

Jesucristo: Su cuerpo se extiende en el centro de los maderos (horizontal y vertical) tratado con rasgos estilizados, cintura muy estrecha, tórax ensanchado, brazos extendidos hacia arriba, posición de crucifixión. En la cabeza se apoya una corona y una aureola. De la cintura arranca un faldín cubre muslo.

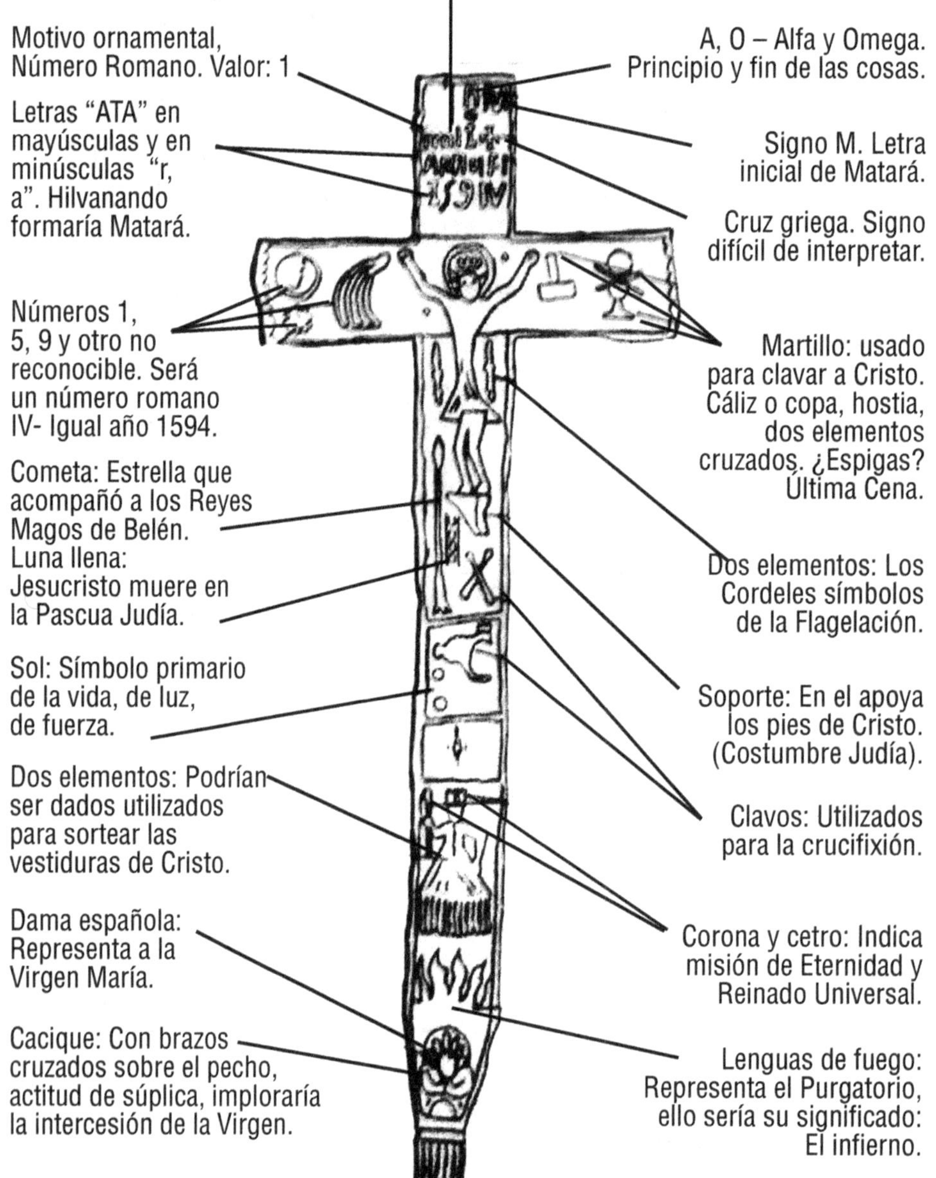

La cruz: realizada con madera de Mistol (Ziziphus mistol) de la flora regional. Está compuesta por dos partes: maderos uno vertical de 47 cm y otro horizontal de 17 cm ensamblado perfectamente, unido por clavos de madera (espigas). En su parte inferior desgastado por el tiempo estuvo calzado sobre una peana. En general su conservación es buena.

Investigación, estudios e información por la Dra. Amalia Gramajo de Martínez Moreno y Hugo Martínez Moreno.

TRECE

Las Reducciones en Santiago del Estero

A principios del siglo XXI se fue perdiendo el impulso conquistador y colonizador por parte de la Corona Española. Tal vez por el esfuerzo dedicado a la Guerra de los Treinta Años, la última a gran escala de religión en Europa, culminada con la paz de Westfalia, que significa que las monarquías europeas se comprometen a no luchar más por la religión.

Ese conflicto también muestra a España declinando como la gran potencia militar. Holanda es el país poderoso en lo económico y con fuerte presencia naval; Francia, la potencia militar que, en poco tiempo, será la más importante del mundo de entonces en todos los aspectos; y se asoma Inglaterra, que ha tomado conciencia de sus posibilidades cuando en el siglo anterior derrota a la Armada Invencible de Felipe II, que pretendía invadir las islas.

España comienza a perder posesiones en América como islas importantes por su potencial agroindustrial. Pero además en tierra firme no avanza sobre los territorios controlados por las tribus indígenas.

Serán los jesuitas los que no ceden en sus intentos de penetrar en esas vastas regiones como la Patagonia y el Chaco austral y boreal.

La Compañía siempre tuvo dos proyectos: unir las misiones del Paraguay y de las actuales provincias de Corrientes y Misiones con el Atlántico, por el sur del Brasil. La nueva separación en la Península del Reino de Portugal, con el advenimiento de los Braganza, durante el reinado de Felipe IV y por ende la dependencia del Brasil de la nueva dinastía, frustra este proyecto que hubiera tenido consecuencias extraordinarias en el desenvolvimiento de nuestros países.

El otro proyecto era acortar el trayecto entre el Tucumán, las Misiones y el Asunción, buscando que el camino pasará por el Chaco. Con la ciudad de Concepción del Bermejo se había logrado un paso importante porque estaba emplazada en pleno territorio de la actual provincia de ese nombre.

Pero no pudo sostenerse en el repliegue hispano de esos años. De cualquier manera, los jesuitas insistieron en entrar en numerosas ocasiones en esas selvas buscando tribus para llevar la fe católica a las mismas.

A principios del siglo XVIII el nuevo gobernador del Tucumán, Esteban Urízar de Arespacochaga, decide encarar una defensa activa de la línea del Río Salado para preservar de los ataques de los indios las comunicaciones entre Córdoba y Santiago del Estero.

El plan contemplaba la construcción de reducciones a cargo de los jesuitas para atraer a los indios más cercanos, dispuestos a colaborar en la defensa y desde las mismas intentar avanzar sobre el Chaco. Urízar ideó una estrategia de avances desde Santa Fe, Córdoba, Santiago del Estero y Salta.

Sin embargo, por detalles de sincronización, solo se atacó desde Santiago y Salta con 1.789 soldados reclutados en Santiago del Estero, Tucumán y Salta, y 500 indios amigos. El PJ Dobrizhoffer escribió: "No había entre los españoles del Río de la Plata, jinetes más diestros, ni soldados más valientes ni hombres más capaces de tolerar toda clase de privaciones y trabajos que el santiagueño".[6] Este impulso se pierde hasta que asume el gobierno Martínez Tineo.

---

6   Padre Dobriglelfer.

La primera Reducción en establecerse en Santiago del Estero fue la de Vilelas ribereña del Río Salado.

 En 1735, los indios pidieron que los jesuitas la formaran, pero el Obispo Cevallos dispuso que un clérigo que no pertenecía a la Compañía, el santiagueño Joseph Teodoro Bravo de Zamora, se ocupara de fundarla y el propio obispo se fue al lugar, durante un tiempo, para promover su radicación contribuyendo con fondos para la iglesia, despensa y las primeras viviendas.

El Padre Joseph Teodoro Bravo de Zamora permaneció trece años en ese sitio, catequizando y ocupándose de las mejoras edilicias y el sustento de los habitantes del sitio. Salía de la Reducción solo para obtener apoyo y limosnas que permitieran mejoras en su obra. Fue así como emprendió un viaje hasta Potosí, donde recaudó cuatro mil escudos en contribuciones, pero falleció en el camino de regreso.

Al padre Bravo de Zamora lo sucede el clérigo Clemente de Jerez y Calderón, que estaba al frente del curato de Salavina, pueblo aledaño al río Dulce, a unas treinta leguas de la Reducción; al poco tiempo renuncia porque desde Salavina, ya que era dificultoso ocuparse de este encargo y se suceden varios doctrineros hasta que el nuevo Obispo Pedro Miguel de Argandoña resuelve pedirles a los jesuitas que se hagan cargo de la Reducción. Poco después de la muerte del padre Joseph Bravo de Zamora llega un documento del Rey de España que deja en claro el favor del que contaba el "primer apóstol de los vilelas" como lo recuerda el padre SJ Furlong. El documento dice, entre otros párrafos: "El Rey, Presidente y Oidores mi Real Audiencia de la Provincia de los Charcas que reside en la ciudad de la Plata. En carta del 20 de marzo del año pasado de 1748, participáis con autos que el doctor Don José Teodoro Bravo, cura de naturales de la Ciudad de Santiago del Estero en la del Tucumán hizo constar en esa Audiencia con diversos informes y Certificaciones que el Gobernador de ella, y del Cabildo, Justicia y Regimiento de la Ciudad de Santiago, haverse devido a su aplicación y celo la redención de cerca de trescientos indios infieles de la nación Vilela… en donde fundó un pueblo y proveyó por entonces a expensas de su corto patrimonio de lo más preciso… y resulta del testimonio que acompañáis manifestando la necesidad que havía de fomentar estar reducción y solicitar y solicitar su propagación y aumento con lo que de la mesma nación se hubiesen quedado en sus tierras, no solo por el fin primordial de su salvación que con tan repetidos encargos a los Ministros eclesiásticos y Seculares de esas Provincias, sino también por el de conservar la del Tucumán tan hostilizados de los indios bárbaros que la rodean, que a no contenerlos por medio de las armas o de nuevas Reducciones que al paso que disminuían el número de infieles, sirvan unidos a los naturales de aquella Prova. para la resistencia y oposición a sus frecuentes asaltos, se habría de perder del todo y cortarse la comunicación de esas provincias con las del Río de la Plata y el Paraguay…y que si me dignase premiar el celo de este Eclesiástico que (por su noble nacimiento y origen de las primeras familias de aquella Provincia estar adornado de singular literatura, modestia y virtud y haver expendido su corto patrimonio en tan santa obra) es digno de atención, codyurara para que otros de su clase se dediquen a solicitar semejantes reducciones. Y visto lo referido por mi consejo de las Indias…y el mío He resuelto apoyar todo lo que habéis providenciado… y que, en caso de hallarse el citado D José Teodoro Bravo de Zamora en la nueva Feligresía, y lugar, le asignéis la congrua y sínodo que os paresca conveniente… y asimismo he resuelto encargaros que manifestéis al citado D José Teodoro Bravo de Zamora la satifacción y gratitud con que quedo a su celo y aplicación, Yo el Rey". Firmado en San Lorenzo el 25 de octubre de 1748.[7]

El Provincial de la Compañía, el padre Barreda nombra para hacerse cargo a un jesuita santiagueño, el padre Martín Bravo de Zamora, familiar de quien fuera el fundador de la Reducción

---

7   Orestes Di Lullo en "Reducciones y Fortines".

quien se hace cargo el 4 de julio de 1751, y que toma el nombre de San Joseph de Vilelas. Tres años habían transcurrido desde la muerte del padre Joseph Bravo de Zamora y fueron suficientes, con la falta de atención de sus sucesores para que el padre Martín Bravo de Zamora encontrara el panorama que describe el inventario en cuanto a los elementos para oficiar los servicios religiosos "una casulla amarilla vieja, dos albas viejas, un frontal de angaripola y demás aperos, precisamente necesarios para celebrar el Santo Sacrificio, menos vino y hostias, que desde luego los había de buscar el padre Martín" y en cuanto a lo plantado y edificado el inventario nos informa "la iglesia o capilla ni para cocina podía servir. La casa parecía cueva de fieras y no habitación de racionales, sin un silla, ni mesa, ni ajuar alguno de casa, un libro de parroquia con una matrícula de los feligreses que no se sabían dónde estaban, constaba la dicha matrícula de 380 almas".

El abandono había provocado que la mayor parte de los indios se vayan al monte. Dura fue la faena del padre Martín Bravo de Zamora y su adjunto el padre Pedro Ruiz. Había que volver a sembrar, reconstruir la iglesia, casas, corrales y buscar el retorno de los indios. El padre Marín viajaba a Santiago en busca de apoyo y también del permiso para trasladar la Reducción a tierras más aptas para el cultivo, pero tropezaba con la oposición de los vecinos de la ciudad.

Su gestión logró el éxito después que se le diera nuevo destino en Tarija. Será el sucesor, el padre Bernardo Castro, quien consigue el traslado hacia el norte, a Petacas, sobre el Río Salado, cerca de donde estuvo la ciudad de Esteco, destruida por un terremoto a finales del siglo anterior. Esto se aprobó el 7 de agosto de 1758.

La Reducción de San Joseph de Petacas

Esta Reducción se integra con los indios vilelas que trasladan al nuevo sitio como se describe en párrafos anteriores. En ese lugar en 1738 había estado el jesuita Pedro Juan Andréu Orlandis, quien hizo "arar en las tierras de la Petaca un gran pedazo de tierra que sembró de maíz, para volver cuando tuviese maduro y formar en ella una tal cual Reducción". Luego se hizo una allí que fue destruida e incendiada en un ataque indígena en 1756 costándole la vida al padre Francisco Ugalde, siendo herido el padre Ramón Orto.

El padre Castro se encargó personalmente de elegir el terreno e hizo varios viajes entre Santiago, Salta y Petacas para poner en marcha la obra y llevar a los vilelas al nuevo asentamiento. Mientras tanto el padre Ruizse había ocupado de los primeros traslados, pero luego fue nombrado para el Colegio Seminario de Córdoba, y a su vez desde esa ciudad, el padre Francisco Almirón vino para acompañar al padre Castro.

Las primeras instalaciones fueron una empalizada de defensa, dos chozas para los padres de paja y palos, y una capilla de madera y barro. Allí se llevó ganado para el sustento. Petacas, sobre el Salado está al sudeste de la desaparecida ciudad de Esteco, unos ochenta kilómetros. Así la describe el padre Castro: "Petacas era muy pintoresco pues está en una loma alta de tierra sobre el mismo río en un campo grande coronado de una cinta de árboles alta que encontrándose una y otra extremidad en el río forma una vistosa media luna; corre el río por una caja profunda y por ambas riberas tiene amplias lagunas que encadenadas unas con otras por casi cien leguas le sirven de muro. Así las lagunas como el río en tiempos de aguas, que son por espacio de casi cinco meses, es tanta el agua que traen, que desparramándose por una y otra banda fertiliza los bosques y campos por muchas leguas, de suerte que, en el rigor del invierno, se muestran sus campos risueños prados, y aí sirven de pingües dehesas para los ganados. Abunda el río y sus lagunas de variedades de peces y muchas especies de pájaros. Los bosques y los campos están llenos de frutos y de animales silvestres que sirven de manutención de los indios".

Cinco años duró esta Reducción, pues la llegada de los Vilelas y su radicación en este lugar tiene fecha del 29 de marzo de 1762 y cinco años después los jesuitas son expulsados de todos los territorios peninsulares y americanos de la monarquía hispana. La marcha entre ambas reducciones se hizo en 32 días para cruzar entre bosques y pantanos 34 leguas con 25 hombres que iban talando para abrir caminos a las ocho carretas que llevaban los muebles de la iglesia de Vilelas y las casas, el maíz y enseres de los indios, toda la marcha encabezada por la imagen de San José, que se conservaba en el museo histórico provincial que lleva el nombre de Orestes Di Lullo y ahora está en San José del Boquerón, parroquia a la que retornaron los jesuitas hace unos años. Esa imagen, con una pila de agua bendita y un escudo episcopal, son los únicos restos que se conservan. Unos 25 hombres iban delante de la caravana para talar los árboles, abriendo camino a las personas y carretas que se dirigían a la nueva reducción.

El 16 de agosto de 1767 llegó el teniente de gobernador de Santiago del Estero, Don Manuel Castaño, para concretar la expulsión de los jesuitas de la reducción. El padre Castro reunió a los corregidores y capitulares indios pidiendo acatamiento al gobernador porque él debía partir. En su lugar quedó Fray Francisco Arce, pero la reducción declinó rápidamente.

En cuatro años la Compañía de Jesús había levantado una empalizada que rodeaba un recinto donde estaba la iglesia, la sacristía, cinco aposentos, cocina, herrería, galpones y depósitos. La iglesia tenía dos altares con estatuas de la Sagrada Familia y el Señor de la Paciencia. Junto al altar un cuadro de la Inmaculada y otro de Nuestra Señora del Rosario. Había cálices, copones y vinajeras, bibliotecas, instrumentos musicales, siete carretas, cuatro mil quinientas vacas, trescientos cincuenta yeguas, ciento veinte caballos, quinientas cabras y ciento veinte porcinos. Todo se dilapidará.

La Reducción de Abipones

Los Abipones eran un pueblo indígena que habitaba las selvas del Chaco, entre el Río Bermejo y el Pilcomayo. Entre ellos predicaron los padres jesuitas Barzana y Añasco en 1593, cuando saliendo de Santiago entraron misionar en el Chaco. A principios del Siglo XVIII se fueron trasladando hacia el sur, al norte de Santa Fe, ágiles y fuertes, desde 1640 utilizaron el caballo.

Es desde su nuevo asentamiento en el Chaco santafesino desde donde asolaran a parajes de Santiago, Córdoba y Santa Fe y atacaran las caravanas y arrias entre Buenos Aires y el Tucumán, afectando los tráficos con el Alto Perú. En Santiago del Estado los pueblos linderos al Río Dulce sufrieron sus incursiones, y ni la propia Santiago quedó a salvo de las mismas.

El gobernador Esteban Urízar de Arespocachaga, como señalamos al inicio de este punto, hizo una fuerte campaña contra estas tribus y redujo mucho la amenaza, pero un grupo logró escapar y acrecentó su odio hacia los pobladores españoles y criollos.

La primera reducción de Abipones, gestionada por un cautivo de esta tribu, nativo de Santiago, Cristóbal de Almaraz estuvo ubicada en pleno Chaco sobre el Río Inespín y se llamó Concepción del Bermejo. Diversos problemas y disputas entre los indios aconsejaron su traslado que concretan el gobernador Barreda con el padre Dobrizhoffer, autor de una crónica sobre los abipones. Después de 22 días de marcha llegan a las costas del Salado con 30 familias de abipones, dos caciques y el padre Sánchez. Denominan a la Reducción como Concepción de Abipones. Pero al poco tiempo se trasladan, nuevamente, por causa del agua salobre del Río a su emplazamiento definitivo en la orilla occidental del Río Dulce, en jurisdicción del Departamento Quebrachos, cerca del límite de Santiago con Córdoba y con Santa Fe, conducidos por el padre Sánchez.

Cuando llegó la expulsión de la orden, unos 400abipones habitaban la reducción, junto, a un gran rodeo ganadero que aseguraba la subsistencia. Abipones subsistirá por un tiempo como parroquia y fuerte, porque era esencial para defender las comunicaciones entre Córdoba y Santiago del Estero, es decir la ruta desde el Río de la Plata al Alto Perú y su comercio, de los ataques de los indios de Chaco. Uno de los párrocos será a principios del siglo XIX el padre Fernando Bravo de Zamora, parientes de los sacerdotes ya citados, que años después estará a cargo de la parroquia de Matará y será uno de los integrantes de la asamblea que declara la autonomía de Santiago y se presume redactor del acta de la misma.

De Abipones será jefe, nombrado por el general Manuel Belgrano, Felipe Ibarra, desde ese fuerte emprenderá la marcha que le dará el dominio de Santiago del Estero por treinta años, tres décadas donde la provincia vegetará en la pobreza, el atraso y el despotismo, tres décadas en la que no se fundará ninguna escuela por este ex alumno del colegio de Monserrat, en tiempos en que los jesuitas eran un recuerdo, y en el que permaneció solamente unos meses por su escasa aptitud para el estudio. El Santiago del Estero que, olvidando su aporte a la conquista y colonización del Tucumán, se negó a colaborar con una nueva expedición al Alto Perú, que pedía San Martín en 1820, como tampoco dio su colaboración a las guerras con el Brasil o la que se sostuvo entre 1836 a 1839 con la Confederación Peruano Boliviana.

CATORCE

Los Jesuitas y la Independencia Hispanoamericana

El notable escritor hispano Marcelino Menéndez y Pelayo sostenía que la expulsión ordenada por Carlos III de los jesuitas de España y los dominios de la Corona en América había acelerado el proceso de la independencia americana: "¿Y qué duda hay que la expulsión de los jesuitas contribuyó a acelerar la pérdida de las colonias americanas? ¿Qué autoridad moral y material habíamos de tener sobre los indígenas del Paraguay y no sobre los colonos de Buenos Aires, los rapaces agentes que sustituyeron el evangélico gobierno de los padres, llevando allí la degradación y la inmoralidad más cínica y desenfrenada? ¿Cómo no había de relajarse los vínculos de autoridad cuando los gobernantes de la metrópoli daban la señal del despojo (mucho más violento en aquellas regiones que en esta) y saltaban todos los diques a la codicia de ávidos logreros, incautadores sin conciencia, a quienes la lejanía daba alas y quitaba escrúpulos de propia miseria?".

Pero más allá de la influencia, que tuvo, la expulsión de la orden jesuítica en el debilitamiento de los vínculos entre la corona y los habitantes de América, sean españoles americanos o indíge-

nas, es cierto que algunos jesuitas, europeos y americanos, traba-
jaron por la emancipación y dos de ellos fueron sudamericanos,
uno peruano y otro argentino.

Nos pareció interesante transcribir en este libro los conceptos
vertidos sobre el tema por el historiador mexicano Alfonso Alfaro. México era entonces el Virreinato de la Nueva España, la
posesión más importante de los reyes por su población y recursos.
Antes de la independencia, la ciudad de México era mucho más
importante que Nueva York tanto en habitantes como riquezas;
el análisis de Alfaro sobre las consecuencias de la expulsión de
los jesuitas, no solo en cuanto al proceso de la independencia
de estos dominios sino también en cuanto a la evolución política, social y la inserción en el mundo de nuestros países, llevan
a reflexiones sobre los problemas que se sucedieron luego de la
independencia y por qué costó tanto recuperar posiciones en el
concierto de las naciones.

Pero veamos el texto del Historiador Alfaro:

"Tal como sucede con los enormes bloques glaciares que el
cambio climático fractura a diario, el reino de la Nueva España
—mucho antes siquiera de que se atisbara la posibilidad de que
existiera una nación llamada México— vio cómo aparecían en su

estructura numerosas grietas que desembocaron en la guerra de Independencia iniciada por el cura hace ya 200 años.

En 1767, más de 40 años antes de que Hidalgo saliera con sus hombres desde el pueblo de Dolores, tuvo lugar una de las más graves, profundas y aún no reparadas grietas: la expulsión de la Compañía de Jesús de todos los territorios del vasto Imperio español.

Para Alfonso Alfaro, director del Instituto de Investigaciones Artes de México, la herida que significó la supresión de la Compañía de Jesús en la sociedad, que pronto se llamaría México, no está ni con mucho cerrado. Si se quiere preservar, reconstruir, independizar o fundar una Nación, no resulta muy práctico echar al mar a quienes, a lo largo de dos siglos, habían construido todo un andamiaje social, educativo, científico y tecnológico, y educaban por igual a las clases más marginadas (los indígenas), que a los peninsulares de la parte más alta en la pirámide social novohispana.

"Cuando los jesuitas se fueron, el país perdió una elite intelectual que tenía contacto orgánico y natural con las elites empresariales porque eran sus parientes y sus amigos, y habían sido educados en sus colegios. Es el tipo de heridas que ya van dos siglos y todavía no cicatrizan".

¿A qué se refiere Alfaro cuando habla de elite intelectual?

"Eran capaces de 'montarse' al hebreo y al griego; eran capaces de tener información de China, de la India, de Flandes, de Bohemia, de Estados Unidos, y de comunicar todo eso en náhuatl, en pápago y en la tarahumara. Esa era la elite del país: una elite con contactos con el mundo, con su pasado, con la modernidad tecnológica y con la raíz más profunda del país. Lo que yo creo que le hace falta al país es una elite capaz de hacer eso, es lo que el país perdió y no ha podido reconstruir. Tardó un par de siglos en construirse una elite (siglos XVI al XVIII); en una mañana se desbarató y llevamos dos siglos y todavía no podemos reconstruir una elite de esa funcionalidad, de esa envergadura, de ese dinamismo".

Francisco Javier Clavijero. FOTO: Cortesía Artes de México

El eje Clavijero

Para que algo empiece a existir, primero ha de ser pensado, luego nombrado, luego impreso. La peor tinta es mejor que la mejor memoria. Francisco Xavier Clavijero, uno de los jesuitas expulsados de la Nueva España y cuyos restos reposan desde 1970 en la Rotonda de las Personas Ilustres de la ciudad de México, era uno de los líderes de esa congregación de criollos que, por primera vez entre los habitantes del virreinato, se reconocen a sí mismos como "mexicanos".

Es un Clavijero (y junto a él todos sus hermanos expulsados) que escribe su *Historia antigua de México* con la convicción de ser un ciudadano nacido en este territorio, al que los jesuitas amaban con devoción. Lo demostraron en sus textos escritos desde el exilio en Italia.

"Nos dieron una memoria. La memoria es algo que se fabrica, y ellos fabricaron una memoria nacional. No la inventaron, siguieron un proceso que ya venía desde los tiempos de Góngora, de Sor Juana… La memoria venía fraguándose, ellos la consolidaron y le dieron una forma tan clara, tan precisa, que es la que hasta la fecha seguimos teniendo", expone Alfaro.

"¿En qué consiste esa memoria? Consiste en decir que este es un país que tiene razones para sentirse distinto por la grandeza y el prestigio de su tradición prehispánica, y que tiene otro polo de dignidad en la altísima valoración del territorio de esta tierra específica. Además de la tierra y lo prehispánico, está la gran tradición hispánica: el país forma parte del universo hispánico y por tanto está insertado en las culturas del globo, y todo esto se hizo en el marco del catolicismo, del cristianismo. Son esos cuatro elementos indisolubles que ellos proponen como la imagen de la nación, una nación con un suelo digno de ser amado, con unas culturas dignas de ser admiradas. Esos cuatro elementos siguen fungiendo como vínculo vertebrador. Eso es lo que nos dieron y es lo que todavía no se nos acaba".

Los jesuitas le dan a lo que sería México un "relato de origen", escribe Alfaro en el número especial de la revista *Artes de México*, "Los jesuitas ante el despotismo ilustrado": "Es extraordinario, es el tipo de cosas que se miden por siglos".

Hoy, en un 2010 marcado por una profunda crisis financiera, una cruenta "guerra contra el narco", así como la creciente militarización del país, hay quienes afirman que los festejos por el Bicentenario de la Independencia nacional cayeron en melancolía

Alfaro, tal vez guiado por esa cualidad de los jesuitas echados de la Nueva España que él mismo describe —"No se consumen en lamentos, sino que se ponen a trabajar"—, piensa exactamente lo contrario: el hecho de que coincidan los 100 años de la Revolución con los 200 de la Independencia en medio de esta situación, es una oportunidad única para mirarnos a la cara.

"Cuando uno está en el mar, hay corrientes superficiales y corrientes muy profundas. El tiempo sirve para eso: entre más se desciende encontramos las grandísimas corrientes de fondo y, con independencia de lo que pase arriba, van por el mismo camino. Es una ocasión excepcional para encarar las grandes corrientes de fondo que hacen la vida de nuestro país: la relación entre los diversos grupos que la forman, el proyecto de sociedad que se tiene y la relación entre el territorio y el mundo", considera el investigador.

"Las respuestas a esos problemas gravísimos en los que estamos ahora inmersos, tenemos que buscarlas en esas corrientes de profundidad y no esperar encontrar soluciones amarradas con un hilito".

Independiente, pero acéfala

Las corrientes profundas. Aquellas que se esfumaron en 1767 con la expulsión de la Compañía de Jesús, aquellas que dejaron de humidificar los lazos culturales, sociales y educativos entre las distintas poblaciones de la Nueva España, quebrantando así la comunicación entre el norte árido con el húmedo sur; entre el cristianismo y las corrientes de pensamiento europeas y asiáticas con las mesoamericanas, o entre las ricas ciudades mineras y los boyantes puertos que traían del resto del mundo especias, libros e ideas revolucionarias de Francia.

Francisco Xavier Clavigero, quien admiraba a Benjamín Franklin como constructor de un país que desde sus orígenes independientes le dio prioridad a la ciencia, al desarrollo tecnológico y a las relaciones comerciales con el resto del mundo: Estados Unidos. Desde su exilio forzado escribió copiosos trabajos dirigidos a mejorar el futuro de su nación, la mexicana. Al igual que sus hermanos jesuitas, creía firmemente que el desarrollo de la tecnología, la medicina, la metalurgia, la astronomía, la física, las matemáticas y la filosofía era el camino para construir una potencia científica, un país vigoroso.

"Una parte muy hermosa y enternecedora —y ahora difícilmente valorable— de su aporte (de todos los jesuitas), consiste en los textos que escriben en latín y las traducciones del griego al latín, así como los textos literarios en español. Tratan de decirle a Europa: 'Miren de lo que somos capaces. Si se considera que un pueblo es digno de admiración o de respeto por la envergadura de su producción literaria y científica, vean lo que somos capaces de hacer: nuestro latín no es inferior al de ustedes, nuestro conocimiento de las culturas clásicas no es inferior al de ustedes'", relata Alfaro, sentado justamente en la terraza del centro cultural universitario que lleva su nombre como homenaje: la Casa ITESO Clavigero.

Amputadas las redes sociales y materiales construidas por los jesuitas desde el siglo XVI (su sistema educativo abarcaba a todas las clases sociales), no solo se inició el trámite de divorcio entre la corona y la Nueva España, acelerado por la invasión francesa que depuso al rey Fernando VII, sino que se abrió la caja de Pandora que resguardaban los criollos ilustrados, quienes no pudieron ignorar más la larga serie de inequidades étnicas, políticas, comerciales e industriales que aquejaban a la mayor parte del territorio virreinal, muchas de las cuales siguen insultantemente vigentes, como el hecho de que el segmento de la población más marginado de México siga siendo el indígena.

"La mayor catástrofe en términos sociales de la historia del país en lo que respecta a la expulsión de los jesuitas, es decir, uno de los efectos más negativos que no hemos podido subsanar, es el hecho de que el país se quedó sin elites en el momento de la expulsión de la Compañía, y ha tardado muchísimo en irlas reconstruyendo".

"De haber sido un país extraordinariamente cosmopolita, nacimos como un país terriblemente provinciano. Es trágico, porque [hoy] no tiene contacto con esa base indígena, no tiene contacto con el pasado, no tiene contacto con el mundo —los problemas que tenemos para definir una agenda geopolítica con el mundo son tan grandes— y hay una dificultad para enraizarnos con las culturas vivas populares, no solo las indígenas. No hemos podido construir elites capaces de estar funcional y orgánicamente ligadas de forma natural con esos tres puentes", lamenta Alfaro.

Llegó septiembre de 1810. Han pasado 43 años desde que los jesuitas dejaron la Nueva España. La fuerza de su compromiso intelectual no es la misma entre la clase criolla ilustrada que busca independizarse de la corona española, aunque es innegable que subsiste en las acciones y los escritos de sacerdotes, como el propio Hidalgo o José María Morelos y Pavón. Ambos estudiaron en colegios jesuitas.

Constructores de la Independencia

La guerra de Independencia no fue sino la consecuencia de un proceso de descomposición de la estructura novohispana que llevaba décadas incubándose y que la invasión napoleónica de la Península Ibérica vino a apuntillar, dándoles a los criollos mexicanos la oportunidad de preguntarse: "¿Se puede vivir mejor siendo independientes de los europeos?".

"Si el año 1821 marca el momento en que el divorcio entre la metrópoli y la Nueva España es pronunciado, los años 1808 y 1810 señalan el inicio del proceso que llevaría a la ruptura; pero 1767 [año de la expulsión de los jesuitas] es el momento de la infidelidad que destruye la confianza, hace imposible la convivencia y condena ineluctablemente al fin del vínculo", argumenta Alfaro en "Los jesuitas ante el despotismo ilustrado".

Pero, ¿realmente se les puede dar ese peso a los jesuitas como iniciadores del proceso independentista?

"El peso sí lo tienen —responde el historiador—. Ellos no son actores, ellos no lo propugnan, no lo buscan, no lo pretenden. La gran paradoja es justamente que son protagonistas, pero no son actores. Los protagonistas principales del proceso son los modernizadores de la corte de Madrid que deciden romper un orden social existente pensando en reemplazarlo por algo más, pero sí hay un momento clave en la destrucción del orden anterior, y es la supresión de uno de los órganos más importantes de cohesión del sistema imperial existente: la Compañía de Jesús".

"En un segundo momento, los jesuitas sí tienen un papel totalmente activo. Aquí, desde donde estamos, ¿qué es lo que nosotros sugerimos, aconsejamos, proponemos que hagan ustedes que se quedaron? Desde su exilio proponen al país, a la sociedad de la que fueron expulsados, pautas para organizarse en el futuro, y en ese sentido creo que no pueden llamarse precursores de la Independencia, pero sí pueden llamarse constructores de la nación, que es una cosa finalmente mucho más importante".

El pensamiento jesuita también influyó en Hidalgo y Morelos, en sus ideales de crear una sociedad sin esclavos, con una mejor distribución de la riqueza y capaz de tomar decisiones por sí misma, consciente de su pasado y atenta a su futuro (considérese el texto "Los sentimientos de la nación", obra del segundo), una clara herencia del trabajo hecho por la Compañía de Jesús en el sitio.

La memoria del país está y siempre estará en juego, sobre todo en años como este, cuando las corrientes profundas convergen en forma de números tan identificables como 1810, 1910, y 2010.

País mestizo, país aún de castas donde el diez por ciento de la población controla al ochenta por ciento de los recursos; país de enlace entre el norte, el centro y el sur del continente americano, México vio nacer sus primeros trazos de memoria colectiva e identitaria de la mano de los jesuitas.

"Le dieron al país algo valiosísimo que es prácticamente lo único que tenemos en común las poblaciones tan diversas que estamos en este país: una imagen compartida de lo que somos como sociedad. Y eso ellos lo edificaron básicamente utilizando un recurso extraordinario, que es una de las cosas que más nos faltan ahora: la memoria", señala Alfaro.

Formaron, "una patria común a los criollos (como ellos), mestizos e indígenas; una matriz cultural en la que podía realizarse la fusión de ambas herencias, la indígena y la europea".

Lograron, entre otras cosas, convertir la palabra México en un signo de vinculación, cuando antes no era más que el nombre de una ciudad y una etnia, "una especie de gran metonimia o sinécdoque" que todos empiezan a reconocer como propia más allá de tribalismos, ideologías o filiaciones religiosas.

¿Se ve algo de esta amplitud de ideas en las actuales elites nacionales, en la sociedad civil?"

El Padre Juan José Godoy

Un jesuita argentino fue uno de los precursores de la independencia de los dominios americanos de la corona española. Nos referimos al padre Juan José Godoy, nacido en Mendoza el 13 de julio de 1728. Este sacerdote provenía de una familia arraigada en Cuyo desde los tiempos de la conquista, su padre era don Clemente Godoy y Villegas y su madre María del Pozo de Lemos de la Guardia. Este matrimonio tuvo un bisnieto de notoria actuación en los tiempos de la independencia, el doctor Tomás Godoy Cruz, congresal en Tucumán y gobernador de Mendoza entre otros cargos y por supuesto amigo del Libertador San Martín, por lo tanto, el padre Juan José Godoy era su tío abuelo.

Teniendo 15 años, el joven Juan José viaja a Chile para ingresar a la orden de San Ignacio de Loyola y en 1755 regresa, como sacerdote a su ciudad natal. Allí lo sorprende la orden de expulsión y resuelve huir al Alto Perú, en 1767. Al año siguiente se presenta al Arzobispo de Charcas para solicitar permiso para proseguir su vida como religioso, pero el prelado lo denuncia a la Real Audiencia que ordena su apresamiento y expulsión a Europa. Logra huir, pero es recapturado y enviado a la ciudad italiana de Imola.

Desde Italia logra fugarse años después a Londres y en esa ciudad presenta planes para independizar el Perú, Chile, el Tucumán y la Patagonia con planos sobre los pasos fronterizos de la cordillera de los Andes. En esa ciudad se encuentra con otro jesuita, precursor de la independencia, el peruano Juan Pablo Viscardo y Guzmán.

Desalentado por la falta de interés que encuentra en el Reino Unido viaja a los Estados Unidos, recién independizados, para gestionar el apoyo a esta causa. Sus actividades provocan la alarma de los agentes españoles en ese país y a través del arzobispo de Cartagena Antonio Caballero y Góngora, le tienden una trampa. Le hacen creer que va a estallar un movimiento revolucionario en Cartagena de indias induciendo que viaje a ese puerto de la Nueva Granada. Allí es hecho prisionero y entregado a la inquisición que lo somete a terribles torturas y engrillado es remitido a la fortaleza de Santa Catalina, sita en Cádiz, donde fallece en 1787.

Un jesuita que logra volver a su tierra natal, Tucumán, es el padre Villafañe, que también escribirá sobre la independencia de estas tierras y celebrará en 1812 la victoria en la batalla de Tucumán, en la que Belgrano derrota a las tropas del virrey del Perú comandadas por Juan Pío de Tristán y Moscoso.

El Padre Juan Pablo Viscardo y Guzmán

Juan Pablo Viscardo y Guzmán, precursor peruano de la independencia sudamericana nació en Pampacolca, lindera a la serranía de Arequipa, el 16 de junio de 1748. Era hijo de Gaspar Viscardo, de una familia asentada en esos valles desde el siglo XVII y de Manuela Sáez y Andía. Se educó en el Colegio de Nobles de San Bernardo, en la ciudad de Cuzco y al fallecer su padre ingresó al noviciado de los jesuitas. En 1763 hizo sus primeros votos, también su hermano menor Anselmo ingresó a la Compañía de Jesús. En 1767 al llegar la cédula de Carlos III ordenando la expulsión de América de la orden intentó ser secularizado. No solo no le fue aceptado el pedido, sino que fue obligado, con los otros sacerdotes y hermanos, a embarcar rumbo a los Estados Pontificios.

Además, se les prohibió a los hermanos Viscardo regresar al Perú, bajo pena de muerte y como agravante fueron despojados del usufructo de los bienes heredados de su familia. Solo recibieron una mínima pensión equivalente a la de su sirviente de categoría inferior. Los hermanos Viscardo iniciaron pleito para recuperar sus rentas americanas, pero sin éxito.

Enterados de la sublevación de Túpac Amaru en 1781, se contactaron con el cónsul inglés en Liorna. Se ofrecieron como intermediarios con Túpac por el dominio del idioma quechua. Eran los años de la guerra de la independencia de los Estados Unidos. La corona inglesa enfrentaba no solo a los colonos de las 13 colonias americanas sino a los Borbones que colaboraban con los revolucionarios de Norteamérica, Francia y España, unidas por el pacto de familia. Por lo tanto, despertaron el interés británico y fueron invitados a viajar a Londres.

Con la firma de la paz de París, que reconoció la independencia de los Estados Unidos, el gabinete inglés se desentendió del proyecto y los Viscardo regresaron a Italia y a sus pleitos para recuperar su patrimonio. Pero en 1791, cuando España deja la coalición contra los franceses, vuelve el interés del gobierno de Londres en el proyecto independentista de los dominios españoles. Por eso los hermanos regresan a esa ciudad, aunque el poco tiempo, fallece Anselmo. Nada se concreta, pero Juan Pablo redacta con motivo del tricentenario del descubrimiento de América su Carta a los Españoles Americanos. Antes de fallecer en 1798 Viscardo se la entrega al diplomático de los Estados Unidos, Rufus King, quien luego de la muerte del jesuita peruano, le da una copia a Francisco de Miranda. El venezolano la traducirá al francés y al español, y tendrá una amplia difusión en los primeros años del siglo XIX, ayudando a crear el clima revolucionario.

La Carta a los Españoles Americanos refleja el pensamiento de los jesuitas desde los primeros tiempos de la orden en que se destacaron los Padres Suárez y Mariana con sus teorías del derecho de resistencia a la opresión y la justificación del tiranicidio. El texto de la carta es el siguiente:

HERMANOS Y COMPATRIOTAS:

La inmediación al cuarto siglo del establecimiento de nuestros antepasados en el Nuevo Mundo es una ocurrencia sumamente notable para que deje de interesar nuestra atención. El descubrimiento de una parte tan grande de la tierra, es y será siempre, para el género humano, el acontecimiento más memorable de sus anales. Más para nosotros que somos sus habitantes, y para nuestros descendientes, es un objeto de la más grande importancia. El Nuevo Mundo es nuestra patria, y su historia es la nuestra, y en ella es que debemos examinar nuestra situación presente para determinarnos, por ella, a tomar el partido necesario a la conservación de nuestros derechos propios y de nuestros sucesores.

Aunque nuestra historia de tres siglos acá, relativamente a las causas y efectos más dignos de nuestra atención, sea tan uniforme y tan notoria que se podría reducir a estas cuatro palabras: ingratitud, injusticia, servidumbre y desolación, conviene, sin embargo, que la consideremos aquí con un poco de lentitud.

Cuando nuestros antepasados se retiraron a una distancia inmensa de su país natal, renunciando no solamente al alimento, sino también a la protección civil que allí les pertenecía y que no podía alcanzarlos a tan grandes distancias, se expusieron a costa propia, a procurarse una subsistencia nueva, con las fatigas más enormes y con los más grandes peligros. El gran suceso que coronó los esfuerzos de los conquistadores de América, les daba, al parecer, un derecho que, aunque no era el más justo, era a lo menos mejor que el que tenían los antiguos godos de España, para apropiarse el fruto de su valor y de sus trabajos. Pero la inclinación natural a su país nativo les condujo a hacerle el más generoso homenaje de sus inmensas adquisiciones; no pudiendo dudar que un servicio gratuito tan importante dejase de merecerles un reconocimiento proporcionado, según la costumbre de aquel siglo de recompensar a los que habían contribuido a extender los dominios de la nación.

Aunque estas legítimas esperanzas han sido frustradas, sus descendientes y los de los otros españoles que sucesivamente han pasado a la América, aunque no conozcamos otra patria que esta en la cual está fundada nuestra subsistencia y la de nuestra posteridad, hemos sin embargo respetado, conservado y amado cordialmente el apego de nuestros padres a su primera patria. A ella hemos sacrificado riquezas infinitas de toda especie, prodigado nuestro sudor y derramado por ella con gusto nuestra sangre. Guiados de un entusiasmo ciego, no hemos considerado que tanto empeño en favor de un país que nos es extranjero, a quien nada debemos, de quien no dependemos y del cual nada podemos esperar, sea una traición cruel contra aquel en donde somos nacidos y que nos suministra el alimento necesario para nosotros y nuestros hijos; y que nuestra veneración a los sentimientos afectuosos de nuestros padres por su primera patria es la prueba más decisiva de la preferencia que debemos a la nuestra. Todo lo que hemos prodigado a la España ha sido pues usurpado sobre nosotros y nuestros hijos; siendo tanta nuestra simpleza, que nos hemos dejado encadenar con unos hierros que, si no rompemos a tiempo, no nos quedará otro recurso que el de soportar pacientemente esta ignominiosa esclavitud.

Si como es triste nuestra condición actual fuese irremediable, será un acto de compasión el ocultarla a nuestros ojos; pero teniendo en nuestro poder su más seguro remedio, descubramos este horroroso cuadro para considerarle a la luz de la verdad. Esta nos enseña que toda ley que se opone al bien universal de aquellos para quienes está hecha, es un acto de tiranía, y que el exigir su observancia es forzar a la esclavitud; que una ley que se dirigiese a destruir directamente las bases de la prosperidad de un pueblo sería una monstruosidad superior a toda expresión; es evidente también que un pueblo a quien se despojase de la libertad personal y de la disposición de sus bienes, cuando todas las otras naciones, en iguales circunstancias, ponen su más grande interés en extenderla, se hallaría en un estado de esclavitud mayor que el que puede imponer un enemigo en la embriaguez de la victoria.

Supuestos estos principios incontestables, veamos cómo se adaptan a nuestra situación recíproca con la de España. Un imperio inmenso, unos tesoros que exceden toda imaginación, una gloria y un poder superiores a todo lo que la antigüedad conoció: he aquí nuestros títulos al agradecimiento y a la más distinguida protección de la España y de su gobierno. Pero nuestra recompensa ha sido tal, que la justicia más severa apenas nos habría aplicado castigo semejante si hubiésemos sido reos de los más grandes delitos.

La España nos destierra de todo el mundo antiguo, separándonos de una sociedad a la cual estamos unidos con los lazos más estrechos; añadiendo a esta usurpación sin ejemplo de nuestra libertad personal, la otra igualmente importante de la propiedad de nuestros bienes.

Desde que los hombres comenzaron a unirse en sociedad para su más grande bien, nosotros somos los únicos a quienes el gobierno obliga a comprar lo que necesitamos a los precios más altos, y a vender nuestras producciones a los precios más bajos. Para que esta violencia tuviese el suceso más completo nos han cerrado, como en una ciudad sitiada, todos los caminos por donde las otras naciones pudieran darnos a precios moderados y por cambios equitativos, las cosas que nos son necesarias. Los impuestos del gobierno, las gratificaciones al ministerio, la avaricia de los mercaderes, autorizados a ejercer de concierto el más desenfrenado monopolio, caminando todas en la misma línea, y la necesidad haciéndose sentir: el comprador no tiene elección. Y como para suplir nuestras necesidades esta tiranía mercantil podría forzarnos a usar de nuestra industria, el gobierno se encargó de encadenarla.

No se pueden observar sin indignación los efectos de este detestable plan de comercio, cuyos detalles serían increíbles, si los que nos han dado personas imparciales, y dignas de fe no nos suministrasen pruebas decisivas para juzgar del resto. Sin el testimonio de don Antonio Ulloa, sería difícil el persuadir a la Europa, que el precio de los artículos, esencialmente necesarios en todas partes, tales como el hierro y el acero, fuese en Quito, en tiempo de paz, regularmente mayor que de 100 pesos, o de 540 libras tornesas por quintal de hierro, y de 150 pesos u 810 libras por quintal de acero; el precio del primero no siendo en Europa sino de 5 a 6 pesos (25 a 30 libras) y el del segundo a proporción; que en un puerto tan célebre como el de Cartagena de Indias, e igualmente en tiempo de paz, haya habido una escasez de vino tan grande, que estaban obligados a no celebrar la misa, sino en una sola iglesia, y que, generalmente esta escasez, y su excesivo precio, impiden el uso de esta bebida, más necesaria allí que en otras partes, por la insalubridad de clima.

Por honor de la humanidad y de nuestra nación, más vale pasar en silencio los horrores, y las violencias del otro comercio exclusivo (conocido en el Perú con el nombre de repartimientos), que se arrogan los corregidores y alcaldes mayores para la desolación, y ruina particular de los desgraciados indios y mestizos. ¿Qué maravilla es pues, si con tanto oro y plata, de que hemos casi saciado al universo, poseamos apenas con qué cubrir nuestra desnudez? ¿De qué sirven tantas tierras tan fértiles, si además de la falta de instrumentos necesarios para labrarlas, nos es por otra parte inútil el hacerlo más allá de nuestra propia consumación? Tantos bienes, como la naturaleza nos prodiga, son enteramente perdidos; ellos acusan la tiranía que nos impide el aprovecharlos, comunicándonos con otros pueblos.

Parece que, sin renunciar a todo sentimiento de vergüenza, no se podía añadir nada a tan grandes ultrajes. La ingeniosa política que, bajo el pretexto de nuestro bien, nos había despojado de la libertad, y de los bienes debía sugerir, a lo menos, que era preciso dejamos alguna sombra de honor y algunos medios de restablecernos para preparar nuevos recursos. Para esto es que el hombre concede el reposo y la comida a los animales que le sirven. La administración económica de nuestros intereses nos habría consolado de las otras pérdidas, y habría procurado ventajas a la España. Los intereses de nuestro país, no siendo sino los nuestros, su buena o mala administración recae necesariamente sobre nosotros, y es evidente que a nosotros solos pertenece el derecho de ejercerla, y que solos podemos llenar sus funciones, con ventaja recíproca de la patria, y de nosotros mismos.

¿Qué descontento no manifestaron los españoles, cuando algunos flamencos, vasallos como ellos, y demás compatriotas de Carlos V, ocuparon algunos empleos públicos en España? ¿Cuánto no murmuraron? ¿Con cuántas solicitudes y tumultos no exigieron, que aquellos extranjeros fuesen despedidos, sin que su corto número, ni la presencia del monarca, pudiesen calmar la inquietud general? El miedo de que el dinero de España pasase a otro país, aunque perteneciente a la misma monarquía, fue el motivo que hizo insistir a los españoles con más calor en su demanda.

¡Qué diferencia no hay entre aquella situación momentánea de los españoles y la nuestra de tres siglos acá! Privados de todas las ventajas del gobierno, no hemos experimentado de su parte sino los más horribles desórdenes y los más graves vicios. Sin esperanza de obtener jamás ni una protección inmediata, ni una pronta justicia a la distancia de dos a tres mil leguas; sin recursos para reclamarla, hemos sido entregados al orgullo, a la injusticia, a la rapacidad de los ministros, tan avaros, por lo menos, como los favoritos de Carlos V. Implacables para con unas gentes que no conocen y que miran como extranjeras, procuran solamente satisfacer su codicia con la perfecta seguridad de que su conducta inicua será impune o ignorada del soberano. El sacrificio hecho a la España de nuestros más preciosos intereses, ha sido el mérito con que todos ellos pretenden honrarse para excusar las injusticias con que nos acaban. Pero la miseria en que la España misma ha caído, prueba que aquellos hombres no han conocido jamás los verdaderos intereses de la nación, y que han procurado solamente cubrir con este pretexto sus procedimientos vergonzosos; y el suceso ha demostrado que nunca la injusticia produce frutos sólidos. A fin de que nada faltase a nuestra ruina y a nuestra ignominiosa servidumbre, la indigencia, la avaricia y la ambición han suministrado siempre a la España un enjambre de aventureros, que pasan a la América resueltos a desquitarse allí con nuestra sustancia de lo que han pagado para obtener sus empleos. La manera de indemnizarse de la ausencia de su patria, de sus penas y de sus peligros, es haciéndonos todos los males posibles. Renovando todos los días aquellas escenas de horrores que hicieron desaparecer pueblos enteros, cuyo único delito fue su flaqueza, convierten el resplandor de la más grande conquista en una mancha ignominiosa para el nombre español.

Así es que, después de satisfacer al robo, paliado con el nombre de comercio, a las exacciones del gobierno en pago de sus insignes beneficios, y a los ricos salarios de la multitud innumerable de extranjeros que, bajo diferente denominación en España y América, se hartan fastuosamente de nuestros bienes, lo que nos queda es el objeto continuo de las asechanzas de tantos orgullosos tiranos, cuya rapacidad no conoce otro término que el que quieren imponerle su insolvencia y la certidumbre de la impunidad. Así, mientras que, en la corte, en los ejércitos, en los tribunales de la monarquía, se derraman las riquezas y los honores a extranjeros de todas las naciones, nosotros solo somos declarados indignos de ellos e incapaces de ocupar aún en nuestra propia patria unos empleos que en rigor nos pertenecen exclusivamente. Así la gloria, que costó tantas penas a nuestros padres, es para nosotros una herencia de ignominia y con nuestros tesoros inmensos no hemos comprado sino miseria y esclavitud.

Si corremos nuestra desventurada patria de un cabo al otro, hallaremos donde quiera la misma desolación, una avaricia tan desmesurada como insaciable; donde quiera el mismo tráfico abominable de injusticia y de inhumanidad, de parte de las sanguijuelas empleadas por el gobierno para nuestra opresión. Consultemos nuestros anales de tres siglos y allí veremos la ingratitud y la injusticia de la corte de España, su infidelidad en cumplir sus contratos, primero con el gran Colón y después con los otros conquistadores que le dieron el imperio del Nuevo Mundo, bajo condiciones solemnemente estipuladas. Veremos la posteridad de aquellos hombres generosos abatida con el desprecio, y manchada con el odio que les ha calumniado, perseguido, y arruinado. Como algunas simples particularidades podrían hacer dudar de este espíritu persecutor, que en todo tiempo se ha señalado contra los Españoles Americanos, de solamente lo que el verídico Inca Garcilaso de la Vega escribe en el segundo tomo de sus Comentarios'), Libro VII, capo 17.

Cuando el virrey don Francisco de Toledo, aquel hipócrita feroz, determinó hacer perecer al único heredero directo del Imperio del Perú para asegurar a la España la posesión de aquel desgraciado país, en el proceso que se instauró contra el joven e inocente Inca Túpac Amaru, entre los falsos crímenes con que este príncipe fue cargado *"se acusa—dice Garcilaso— a los que han nacido en el país de madres indias y padres españoles conquistadores de aquel imperio; se alegaba de que habían secretamente convenido con Túpac Amaru, y los otros Incas, de excitar una rebelión en el reino, para favorecer el descontento de los que eran nacidos de la sangre real de los Incas, o cuyas madres eran hijas, sobrinas, o primas hermanas de la familia de los Incas, y los padres españoles y de los primeros conquistadores que habían adquirido tanta reputación; que estos estaban tan poco atendidos, que ni el derecho natural de las madres, ni los grandes servicios y méritos de los padres, les procuraban la menor ventaja, sino que todo era distribuido entre parientes y amigos de los gobernadores, quedando aquellos expuestos a morir de hambre, si no querían vivir de limosna, o hacerse salteadores de caminos, y acabar en una horca. Estas acusaciones siendo hechas contra los hijos de los españoles, nacidos de mujeres indias, estos fueron cogidos, y todos los que eran de edad de 20 años y más, capaces de llevar armas, y que vivían entonces en el Cuzco, fueron aprisionados. Algunos de ellos fueron puestos al tormento para forzarlos a confesar aquello de que no había pruebas ni indicios. En medio de estos furores y procedimientos tiránicos, una india, cuyo hijo estaba condenado a la cuestión, vino a la prisión y, elevando su voz, dijo: Hijo mío, pues que se te ha condenado a la tortura, súfrela valerosamente como hombre de honor, no acuses a ninguno falsamente, y Dios te dará fuerzas para sufrirla; él te recompensará de los peligros y penas que tu padre y sus compañeros han sufrido para hacer este país cristiano, y hacer entrar a sus habitantes en el seno de la Iglesia... Esta exhortación magnánima, proferida con toda la vehemencia de que aquella madre era capaz, hizo la más grande impresión sobre el espíritu del Virrey, y le apartó de su designio de hacer morir aquellos desdichados. Sin embargo, no fueron absueltos, sino que se les condenó a una muerte más lenta, desterrándolos a diversas partes del Nuevo Mundo. Algunos fueron también enviados a España.*

Tales eran los primeros frutos que la posteridad de los descubridores del Nuevo Mundo recibía de la gratitud española, cuando la memoria de los méritos de sus padres estaba aún reciente. El Virrey, aquel monstruo sanguinario, pareció entonces el autor de todas las injusticias, pero desengañémonos, acerca de los sentimientos de la Corte, si creemos que ella no participaba de aquellos excesos; ella se ha deleitado en nuestros días en renovarlos en toda la América, arrancándole un número mucho mayor de sus hijos, sin procurar disfrazar siquiera su inhumanidad: estos han sido deportados hasta en Italia.

Después de haberlos botado en un país, que no es de su dominación, y renunciándolos como vasallos, la Corte de España, por una contradicción y un refinamiento inaudito de crueldades, con un furor que solo puede inspirar a los tiranos el miedo de la inocencia sacrificada, la Corte se ha reservado el derecho de perseguirles y oprimirles continuamente. La muerte ha librado ya, a la mayor parte de estos desterrados, de las miserias que los han acompañado hasta el sepulcro. Los otros arrastran una vida infortunada y son una prueba de aquella crueldad de carácter que tantas veces se ha echado en cara a la nación española, aunque realmente esta mancha no deba caer sino sobre el despotismo de su gobierno.

Tres siglos enteros, durante los cuales este gobierno ha tenido sin interrupción ni variación alguna la misma conducta con nosotros, son la prueba completa de un plan meditado que nos sacrifica enteramente a los intereses y conveniencias de la España; pero, sobre todo, a las pasiones de su Ministerio. No obstante, esto es evidente, que a pesar de los esfuerzos multiplicados de una falsa e inicua política nuestros establecimientos han adquirido tal consistencia que Montesquieu, aquel genio sublime ha dicho: "*Las Indias y la España son potencias bajo un mismo dueño; más las Indias son el principal y la España el accesorio. En vano la política procura atraer el principal al accesorio; las Indias atraen continuamente la España a ellas*". Esto quiere decir, en otros términos, que las razones para tiranizamos se aumentan cada día. Semejante a un tutor malévolo que se ha acostumbrado a vivir en el fausto y opulencia a expensas de su pupilo, la España con el más grande terror ve llegar el momento que la naturaleza, la razón y la justicia han prescrito para emancipamos de una tutela tan tiránica.

El vacío y la confusión, que producirá la caída de esta administración, pródiga de nuestros bienes, no es el único motivo que anima a la Corte de España a perpetuar nuestra minoridad, a agravar nuestras cadenas. El despotismo que ella ejerce con nuestros tesoros, sobre las ruinas de la libertad española, podría recibir con nuestra independencia un golpe mortal, y la ambición debe prevenirlo con los mayores esfuerzos.

La pretensión de la Corte de España de una ciega obediencia a sus leyes arbitrarias, está fundada principalmente sobre la ignorancia, que procura alimentar y entretener, acerca de los derechos inalienables del hombre y de los deberes indispensables de todo gobierno. Ella ha conseguido persuadir al pueblo que es un delito el razonar sobre los asuntos que importen más a cada individuo y, por consiguiente, que es una obligación continua la de extinguir la preciosa antorcha que nos dio el Creador para alumbrarnos y conducirnos. Pero -a pesar de los progresos de una doctrina tan funesta, toda la historia de España testifica constantemente contra su verdad y legitimidad.

Después de la época memorable del poder arbitrario y de la injusticia de los últimos reyes godos, que trajeron la ruina de su imperio y de la nación española, nuestros antepasados, cuando restablecieron el reino y su gobierno, pensaron en premunirse contra el poder absoluto a que siempre han aspirado nuestros reyes. Con este designio concentraron la supremacía de la justicia y los poderes legislativos de la paz, de la guerra, de los subsidios y de las monedas, en las Cortes que representaban la nación en sus diferentes clases y debían ser los depositarios y los guardianes de los derechos del pueblo.

A este dique tan sólido los aragoneses añadieron el célebre magistrado llamado el Justicia, para velar en la protección del pueblo contra toda violencia y opresión, como también para reprimir el poder abusivo de los reyes. En el preámbulo de una de aquellas leyes, los aragoneses dicen, según Gerónimo Blanco en sus Comentarios, pág. 751, "*que la esterilidad de su país y la pobreza de sus habitantes son tales que, si la libertad no los distinguía de las otras naciones, el pueblo abandonarla su patria, e iría a establecerse en una región más fértil. Y a fin de que el rey no olvide jamás el manantial de dónde le viene la soberanía, el Justicia, en la ceremonia solemne de la coronación, le dirigía las palabras siguientes: "Nos que valernos cuanto vos, os hacernos nuestro rey y señor. con tal que guardéis nuestros fueros y libertades, y si no, no*"; tal como lo refiere el célebre Antonio Pérez, secretario del Rey don Felipe II. Era pues un artículo fundamental de la Constitución de Aragón que, si el rey violaba los derechos y privilegios del pueblo, el pueblo podía legítimamente extrañarlo, y en su lugar nombrar otro, aunque fuese de la religión pagana, según el mismo Jerónimo Blanco.

A este noble espíritu de libertad es que nuestros antepasados debieron la energía que les hizo acabar tan grandes empresas, y que en medio de tantas guerras onerosas hizo florecer la nación y la colmó de prosperidades, como se observa hoy en Inglaterra y Holanda. Mas luego que el rey pasó los límites que la Constitución de Castilla y de Aragón le habían prescrito, la decadencia de la España fue tan rápida como había sido extraordinario el poder adquirido o, por mejor decir, usurpado por los soberanos. Y esto prueba bastante que el poder absoluto, al cual se junta siempre el arbitrario, es la mina de los Estados.

La reunión de los reinos de Castilla y de Aragón, como también los grandes Estados que al mismo tiempo tocaron por herencia a los reyes de España, y los tesoros de las Indias, dieron a la corona una preponderancia imprevista y tan fuerte, que en muy poco tiempo trastornó todos los obstáculos que la prudencia de nuestros abuelos había opuesto, para asegurar, la libertad de su descendencia. La autoridad real, semejante al mar cuando sale de sus márgenes, inundé toda la monarquía, y la voluntad del rey y de sus ministros se hizo la ley universal.

Una vez establecido el poder despótico tan sólidamente, la sombra misma de las antiguas Cortes no existió más, no quedando otra salvaguardia a los derechos naturales, civiles y religiosos de los españoles que la arbitrariedad de los ministros o las antiguas formalidades de justicia llamadas vías jurídicas. Estas últimas se han opuesto algunas veces a la opresión de la inocencia, sin estorbar por eso el que se verificase el proverbio de que allá van leyes donde quieren reyes,

Una invención dichosa sugirió al fin el medio más fecundo para desembarazarse de estas trabas molestas. La suprema potencia económica y los motivos reservados en el alma real (expresiones que asombrarán la posteridad), descubriendo al fin la vanidad y todas las ilusiones del género humano sobre los principios eternos de justicia, sobre los derechos y deberes de la naturaleza y de la sociedad, han desplegado de un golpe su irresistible eficacia sobre más de cinco mil ciudadanos españoles. Observad que estos ciudadanos estaban unidos en cuerpo que, a sus derechos de sociedad en calidad de miembros de la nación, unían el honor de la estimación pública merecida por unos servicios tan útiles como importantes.

Omitiendo las reflexiones que nacen de todas las circunstancias de una ejecución tan extraña, y dejando aparte las desgraciadas víctimas de aquel bárbaro atentado, considerémosle solamente con respecto a toda la nación española.

La conservación de los derechos naturales y, sobre todo, de la libertad y seguridad de las personas y haciendas, es incontestablemente la piedra fundamental de toda sociedad humana, de cualquier manera, que esté combinada. Es pues una obligación indispensable de toda sociedad, o del gobierno que la representa, no solamente respetar sino aun proteger eficazmente los derechos de cada individuo.

Aplicando estos principios al asunto actual, es manifiesto que cinco mil ciudadanos que hasta entonces la opinión pública no tenía razón para sospechar de ningún delito, han sido despojados por el gobierno de todos sus derechos, sin ninguna denuncia de justicia y del modo más arbitrario. El gobierno ha violado solemnemente la seguridad pública, y hasta que no haya dado cuenta a toda la nación de los motivos que le hicieron obrar tan despóticamente, no hay particular alguno que en lugar de la protección que le es debida no tenga que temer opresión semejante, tanto cuanto su flaqueza individual le expone más fácilmente que a un cuerpo numeroso que en muchos respetos interesaba la nación entera. Un temor tan serio, y tan bien fundado, excluye naturalmente toda idea de seguridad. El gobierno culpable de haberla destruido en toda la nación, ha convertido en instrumentos de opresión y de ruina los medios que se le han confiado para proteger y conservar los individuos.

Si el gobierno se cree obligado a hacer renacer la seguridad pública y confianza de la nación en la rectitud de su administración, debe manifestar, en la forma jurídica más clara, la justicia de su cruel procedimiento respecto de los cinco mil individuos de que se acaba de hablar. Y en el intervalo está obligado a confesar el crimen que ha cometido contra la nación, violando un deber indispensable y ejerciendo una implacable tiranía.

Mas, si el gobierno se cree superior a estos deberes para con la nación, ¿qué diferencia hace pues entre ella y una manada de animales, que un simple capricho del propietario puede despojar, enajenar y sacrificarla? El cobarde y tímido silencio de los españoles acerca de este horrible atentado justifica el discernimiento del ministerio que se atrevió a una empresa tan difícil como injusta. Y si sucede en las enfermedades políticas de un Estado como en las enfermedades humanas, que nunca son más peligrosas que cuando el paciente se muestra insensible al exceso del mal que le consume, ciertamente la nación española en su situación actual tiene motivos para consolarse de sus penas.

El progreso de la grande revolución que acabamos de bosquejar, y que se ha perpetuado hasta nosotros en la constitución y gobierno de España, es conforme con la historia nacional. Pasemos ahora al examen de la influencia que nosotros debemos esperar o temer de esta misma revolución.

Cuando las causas conocidas de un mal cualquiera se empeoran sin relajación, sería una locura esperar de ellas el bien. Ya hemos visto la ingratitud, la injusticia y la tiranía, con que el gobierno español nos acaba desde la fundación de nuestras colonias, esto es, cuando estaba él mismo, muy lejos, del poder absoluto y arbitrario a que ha llegado después. Al presente que no conoce otras reglas que su voluntad, y que está habituado a considerar nuestra propiedad como un bien que le pertenece, todo su estudio consiste en aumentarle con detrimento nuestro, coloreando siempre, con el nombre de utilidad de la madre patria, el infame sacrificio de todos nuestros derechos y de nuestros más preciosos intereses. Esta lógica es la de los salteadores de caminos, que justifica la usurpación de los bienes ajenos, con la utilidad que de ella resulta al usurpador.

La expulsión y la ruina de los jesuitas no tuvieron, según toda apariencia, otros motivos que la fama de sus riquezas. Mas estas hallándose agotadas, el gobierno, sin compasión a la desastrada situación a que nos había reducido, quiso aún agravarla con nuevos impuestos, particularmente en la América Meridional, en donde en 1780 costaron tanta sangre al Perú. Gemiríamos aún bajo esta nueva presión, si las primeras chispas de una indignación, sobrado tiempo reprimida, no hubieran forzado a nuestros tiranos a desistirse de sus extorsiones. ¡Generosos Americanos del Nuevo Reino de Granada! ¡Si la América Española os debe el noble ejemplo de la intrepidez que conviene oponer a la tiranía, y el resplandor que acompaña a su gloria, será en los fastos de la humanidad que se verá grabado con caracteres inmortales, que vuestras armas protegieron a los pobres indios, nuestros compatriotas, y que vuestros diputados estipularon por sus intereses con igual suceso que por los vuestros! ¡Pueda vuestra conducta magnánima servir de lección útil a todo el género humano!

El Ministerio está muy lejos de renunciar a sus proyectos de engullir el resto miserable de nuestros bienes; mas, desconcertado con la resistencia inesperada, que encontró en Zipaquirá, ha variado de método para llegar al mismo fin. Adoptando, cuando menos se esperaba, un sistema contrario al que su desconfiada política había invariablemente observado, ha resuelto dar armas a los españoles americanos, e instruirles en la disciplina militar. Espera, sin duda, obtener de las tropas regladas americanas el mismo auxilio, que halla en España de las bayonetas, para hacerse obedecer. Más, gracias al cielo, la depravación de los principios de humanidad y de moral no ha llegado al colmo entre nosotros. Nunca seremos los bárbaros instrumentos de la tiranía, y antes de manchamos con la menor gota de la sangre de nuestros hermanos inocentes, derramaremos toda la nuestra por la defensa de nuestros derechos y de nuestros intereses comunes.

Una marina poderosa, pronto a traernos todos los horrores de la destrucción, es el otro medio que nuestra resistencia pasada ha sugerido a la tiranía. Este apoyo es necesario al gobierno para la conservación de la Indias. El decreto de 8 de julio de 1787 ordena, que las rentas de las Indias (la del tabaco exceptuado) preparen los fondos suficientes para pagar la mitad, o el tercio de los enormes gastos que exige la marina real.

Nuestros establecimiento en el continente del Nuevo Mundo, aun en su estado de infancia, y cuando la potencia española estaba en su mayor declinación, han estado siempre al abrigo de toda invasión enemiga; y nuestras fuerzas, siendo ahora mucho más considerables, es claro que el aumento de tropas y de la marina, es para nosotros un gasto tan enorme como inútil a nuestra defensa. Así esta declaración formal, anunciada con tanta franqueza, no parece indicar otra cosa, sino que la vigilancia paternal, del gobierno por nuestra prosperidad (cuyas dulzuras nos ha hecho gustar hasta aquí), se propone darnos nuevas pruebas de su celo y de su amor. No escuchando sino las ideas de justicia, que se deben suponer a todo gobierno, se podría creer que los fondos que debemos suministrar para el pago de los enormes gastos de la marina, son destinados a proteger nuestro comercio y multiplicar nuestras riquezas, de suerte que nuestros puertos, de la misma manera que los de España, van a ser abiertos a todas las naciones, y que nosotros mismos podremos visitar las regiones más lejanas, para vender y comprar allí de la primera mano. Entonces nuestros tesoros no saldrán más, como torrentes, para nunca volver, sino que, circulando entre nosotros se aumentarán incesantemente con la industria.

Tanto más podríamos entregarnos a estas bellas esperanzas, cuanto son más conformes al sistema de unión e igualdad, cuyo establecimiento, entre nosotros, y los españoles de Europa, desea el gobierno en su decreto real. ¡Qué vasto campo va, pues, a abrirse para obtener en la Corte, en los ejércitos, y en los tribunales de la monarquía los honores y riquezas que tan constantemente se nos ha rehusado! Los españoles europeos, habiendo tenido hasta aquí la posesión exclusiva de todas estas ventajas, es bien justo pues que el gobierno, para establecer esta perfecta igualdad empiece a ponerlos en el mismo pie en que nosotros hemos estado tan largo tiempo. Nosotros solos deberíamos frecuentar los puertos de la España, y ser los dueños de su comercio, de sus riquezas, y de sus destinos. No se puede dudar que los españoles, testigos de nuestra moderación, dejen de someterse tranquilamente a este nuevo orden. El sistema de igualdad, y nuestro ejemplo, lo justifica maravillosamente.

¿Qué diría la España y su gobierno si insistiésemos seriamente en la ejecución de este bello sistema? ¿Y para qué insultamos tan cruelmente hablando de unión y de igualdad? Sí, igualdad y unión, como la de los animales de la fábula; la España se ha reservado la plaza del león. ¿Luego no es sino después de tres siglos que la posesión del Nuevo Mundo, nuestra patria, nos es debida, y que oímos hablar de la esperanza de ser iguales a los españoles de Europa? ¿Y cómo y por qué título habríamos decaído de aquella igualdad? ¡Ah! nuestra ciega y cobarde sumisión a todos los ultrajes del gobierno, es la que nos ha merecido una idea tan despreciable y tan insultante. Queridos hermanos y compatriotas, si no hay entre vosotros quien no conozca y sienta sus agravios más vivamente que yo podría explicarlo, el ardor que se manifiesta en vuestras almas, los grandes ejemplos de vuestros antepasados, y vuestro valeroso denuedo, os prescriben la única resolución que conviene al honor que habéis heredado, que estimáis y de que hacéis vuestra vanidad. El mismo gobierno de España os ha indicado ya esta resolución, considerándoos siempre como un pueblo distinto de los españoles europeos, y esta distinción os impone la más ignominiosa esclavitud. Consintamos por nuestra parte a ser un pueblo diferente; renunciemos al ridículo sistema de unión y de igualdad con nuestros amos y tiranos; renunciemos a un gobierno, cuya lejanía tan enorme no puede procurarnos, aun en parte las ventajas que todo hombre debe esperar de la sociedad de que es miembro; a este gobierno que, lejos de cumplir con su indispensable obligación de proteger la libertad y seguridad de nuestras personas y propiedades, ha puesto el más grande empeño en destruirlas, y que en lugar de esforzarse a hacernos dichosos, acumula sobre nosotros toda especie de calamidades. Pues que los derechos y obligaciones del gobierno y de los súbditos son recíprocas, la España ha quebrantado, la primera, todos sus deberes para con nosotros: ella ha roto los débiles lazos que habrían podido unimos y estrecharnos.

La naturaleza nos ha separado de la España con mares inmensos. Un hijo que se hallaría a semejante distancia de su padre sería sin duda un insensato, si en la conducta de sus más pequeños intereses esperase siempre la resolución de su padre. El hijo está emancipado por el derecho natural; y en igual caso, un pueblo numeroso, que en nada depende de otro pueblo, de quien no tiene la menor necesidad, ¿deberá estar sujeto como un vil esclavo?

La distancia de los lugares, que por sí misma, proclama nuestra independencia natural, es menor aún que la de nuestros intereses. Tenernos esencialmente necesidad de un gobierno que esté en medio de nosotros para la distribución de sus beneficios, objeto de la unión social. Depender de un gobierno distante dos, o tres mil leguas, es lo mismo que renunciar a su utilidad; y este es el interés de la Corte de España, que no aspira a damos leyes, a dominar nuestro comercio, nuestra industria, nuestros bienes y nuestras personas, sino para sacrificarlas a su ambición, a su orgullo y a su avaricia.

En fin, bajo cualquier aspecto que sea mirada nuestra dependencia de la España, se verá que todos nuestros deberes nos obligan a terminarla. Debemos hacerlo por gratitud a nuestros mayores, que no prodigaron su sangre y sus sudores, para que el teatro de su gloria o de sus trabajos, se convirtiese en el de nuestra miserable esclavitud. Debérnoslo a nosotros mismos por la obligación indispensable de conservar los derechos naturales, recibidos de nuestro Creador, derechos preciosos que no somos dueños de enajenar, y que no pueden sernos quitados sin injusticia, bajo cualquier pretexto que sea; ¿el hombre puede renunciar a su razón o puede ésta serle arrancada por fuerza? La libertad personal no le pertenece menos esencialmente que la razón. El libre uso de estos mismos derechos, es la herencia inestimable que debemos dejar a nuestra posteridad.

Sería una blasfemia el imaginar, que el supremo Bienhechor de los hombres haya permitido el descubrimiento del Nuevo Mundo, para que un corto número de pícaros imbéciles fuesen siempre dueños de desolarle, y de tener el placer atroz de despojar a millones de hombres, que no les han dado el menor motivo de queja, de los derechos esenciales recibidos de su mano divina; el imaginar que su sabiduría eterna quisiera privar, al resto del género humano, de las inmensas ventajas que en el orden natural debía procurarles un evento tan grande, y condenarle a desear que el Nuevo Mundo hubiese quedado, desconocido para siempre. Esta blasfemia está sin embargo puesta en práctica por el derecho que la España se arroga sobre la América; y la malicia humana ha pervertido el orden natural de las misericordias del Señor, sin hablar de la justicia debida a nuestros intereses particulares para la defensa de la patria. Nosotros estamos obligados a llenar, con todas nuestras fuerzas, las esperanzas de que hasta aquí el género humano ha estado privado. Descubramos otra vez de nuevo la América para todos nuestros hermanos, los habitantes de este globo, de donde la ingratitud, la injusticia y la avaricia más insensata nos han desterrado. La recompensa no será menor para nosotros que para ellos.

Las diversas regiones de la Europa, a las cuales la Corona de España ha estado obligada a renunciar, tales como el reino de Portugal, colocado en el recinto mismo de la España, y la célebre República de las Provincias Unidas, que sacudieron su yugo de hierro, nos enseñan que un continente infinitamente más grande que la España, más rico, más poderoso, más poblado, no debe depender de aquel reino, cuando se halla tan remoto, y menos aun cuando está reducido a la más dura servidumbre.

El valor con que las colonias inglesas de la América, han combatido por la libertad, de que ahora gozan gloriosamente, cubre de vergüenza nuestra indolencia. Nosotros les hemos cedido la palma, con que han coronado, las primeras, al Nuevo Mundo de una soberanía independiente. Agregad el empeño de las Cortes de España y Francia en sostener la causa de los ingleses americanos. Aquel valor acusa nuestra insensibilidad. Que sea ahora el estímulo de nuestro honor, provocado con ultrajes que han durado trescientos años.

No hay ya pretexto para excusar nuestra aparta si sufrimos más largo tiempo las vejaciones; que nos destruyan: se dirá con razón que nuestra cobardía las merece, Nuestros descendientes nos llenarán de imprecaciones amargas cuando mordiendo el freno de la esclavitud que habrán heredado, se acordaren del momento en que para ser libres no era menester sino el quererlo.

Este momento ha llegado, aconsejémosle con todos los sentimientos de una preciosa gratitud, y por pocos esfuerzos que hagamos, la sabia libertad, don precioso del cielo, acompañada de todas las virtudes y seguida de la prosperidad, comenzará su reino en el Nuevo Mundo y la tiranía será inmediatamente exterminada.

Animados de un motivo tan grande y tan justo, podemos con confianza dirigirnos al principio eterno del orden y de la justicia, implorar en nuestras humildes oraciones su divina asistencia, y con la esperanza de ser oídos, consolarnos de antemano de nuestras desgracias.

Este glorioso triunfo será completo y costará poco a la humanidad. La flaqueza del único enemigo interesado en oponerse a ella, no le permite emplear la fuerza abierta sin acelerar su ruina total, Su principal apoyo está en las riquezas que nosotros le damos; que éstas le sean rehusadas, que ellas sirvan a nuestra defensa y entonces su rabia es impotente. Nuestra causa, por otra parte, es tan justa, tan favorable al género humano, que no es posible hallar entre las otras naciones ninguna que se cargue de la infamia de combatirnos o que, renunciando a sus intereses personales, ose contradecir los deseos generales en favor de nuestra libertad. El español sabio y virtuoso, que gime en silencio la opresión de su patria, aplaudirá en su corazón nuestra empresa. Se verá renacer la gloria nacional de un imperio inmenso, convertido en asilo seguro para todos los españoles, que además de la hospitalidad fraternal que siempre han hallado allí podrán respirar libremente bajo las leyes de la razón y de la justicia.

¡Plugiese à Dios que este día, el más dichoso que habrá amanecido jamás, no digo para la América, sino para el mundo entero; plugiese à Dios que llegue sin dilación! ¡Cuando a los horrores de la opresión y de la crueldad suceda el reino de la razón, de la justicia, de la humanidad; cuando el temor, las angustias y los gemidos de dieciocho millones de hombres hagan lugar a la confianza mutua, a la más franca satisfacción y al goce más puro de los beneficios del criador, cuyo nombre no se emplee más en disfrazar el robo, el fraude y la ferocidad; cuando sean echados por tierra los odiosos obstáculos que el egoísmo más insensato opone al bienestar de todo el género humano, sacrificando sus verdaderos intereses al placer bárbaro de impedir el bien ajeno, ¡qué agradable y sensible espectáculo presentarán las costas de la América, cubiertas de hombres de todas las naciones, cambiando las producciones de sus países por las nuestras! ¡Cuántos, huyendo de la opresión o de la miseria, vendrán a enriquecernos con su industria, con sus conocimientos, y a reparar nuestra población debilitada! De esta manera la América reunirá las extremidades de la tierra, y sus habitantes serán atados por el interés común de una sola grande familia de hermanos.

QUINCE

El Padre Mariana y el Padre Suárez

El padre Juan de Mariana fue un intelectual que dominaba el latín, el griego, el árabe y el hebreo y había estudiado a los pensadores más notables de esas culturas. Juan de Mariana, de origen modesto. Nació en Talavera de la Reina en 1536, se dice que era hijo natural de un Deán. Su inteligencia llamó la atención incluso de San Ignacio y fue llevado, luego de ordenarse sacerdote jesuita a Roma, donde se doctoró y enseñó Teología durante cinco años. Luego partió a un colegio de la orden en Sicilia donde permanece un par de años para finalmente trasladarse a París donde enseña durante un tiempo. Sin embargo, a los 37 años, se traslada a la casa de la orden en Toledo. Aduce enfermedad, aunque su vida se prolonga hasta los 87 años, edad que pocos alcanzaban en esos tiempos. Se cree que buscaba un lugar tranquilo para sus estudios y dedicarse a escribir. Toledo iniciaba un proceso de decadencia política, económica y social, ya que la Corte dejaba de instalarse en esa ciudad para asentarse en Madrid. También, otros, sostienen que se fue de París impactado por la terrible matanza de hugonotes ordenada por Catalina de Médici, que se conoce como la noche de San Bartolomé.

Mariana escribe varios libros, pero los más famosos fueron sus 30 tomos de la Historia de España, que abarca hasta la muerte de Fernando el Católico, la primera obra de ese tipo escrita en ese país y que fue al poco tiempo traducida del latín al castellano y de la que se editaron numerosas ediciones en los siguientes doscientos años. El título en latín era *Rego et Regis institutione.*

La otra obra trascendente fue Tratado y Discurso sobre la Moneda del Vellón. En este libro critica al gobierno peninsular que resta metal a la moneda usada por el pueblo, el vellón. Se refiere al mal inflacionario y acusa de ello al déficit fiscal que atribuye al derroche estatal, la largueza de los subsidios, prebendas y privilegios que reciben los allegados a la corte. Esto afectó al jefe del gobierno de Felipe III, el duque de Lerma, que le hace iniciar un proceso.

Juan Mariana sufrió también la censura y la quema de algunos de sus trabajos, porque justificaba el tiranicidio, por eso en Francia, donde dos reyes fueron asesinados, un Valois y el primer Borbón, se le atribuía Mariana su instigación. Falleció en Toledo en 1624. Considera tiránico al gobierno que recauda impuestos sin el consentimiento del pueblo y al que no respeta al parlamento-

Francisco Suárez ha sido una figura de gran influencia intelectual en occidente, tanto entre los teólogos católicos como los protestantes y entre los filósofos y pensadores laicos. Suárez nació en Granada en 1548 en una familia de hidalgos. Se formó en Salamanca, donde cursó su noviciado y logró graduarse en Filosofía y Teología. Como Mariana era un erudito en la cultura latina, griega, árabe y hebrea. Fue enviado a enseñar Teología a Segovia y Ávila y en 1580 fue invitado a trasladarse a Roma. En esta ciudad, colaboró con el Cardenal Belarmino, que había sido discípulos del Padre Mariana. La fama que adquiere Suárez mereció la concurrencia del Papa Paulo V a alguna de sus conferencias. Fue llamado Doctor Eximius et Plus.

En 1597, por sugerencia de Felipe II, que, como nuevo Rey de Portugal quiso darle mayor realce a la Universidad de Coimbra, se le otorga la cátedra de Teología en esa Casa de estudios superiores. Allí residirá hasta 1615. Luego se retira a Lisboa, a la casa de su orden en esta ciudad donde fallece dos años después.

Entre sus numerosas publicaciones se destacan "Disputationes Methaphysicae" (Disquiciciones Metafísicas), es su libro más importante, el que lo encumbró como la inteligencia más elevada de su tiempo y es la primera construcción sistemática de la metafísica desde Aristóteles. Con Suárez concluye un ciclo de grandes intelectuales de lo que se llama la escuela de Salamanca y que se inicia con el padre de los domínicos Victoria. Digamos que la escuela de Salamanca, hace aportes significativos para el desarrollo de la economía moderna, cuando admite, el valor del comercio, el lucro y deja de penalizar con pecado la tasa de interés.

La comunidad política es libre por derecho natural y no está sujeta a ningún hombre por fuera de ella, sino que ella misma en su totalidad tiene el poder político que es democrático mientras no se cambie.

Distingue entre ley divina, ley natural, derecho de gentes, ley positiva humana que divide entre el derecho civil y el canónico y ley positiva divina que son el antiguo y el nuevo testamento. La comunidad humana es soberana, para darse, la forma de gobierno que considere más conveniente. Dice que la autoridad procede de Dios, pero reside en el pueblo y el pueblo tiene derecho a sacarle el poder al príncipe.

Uno de los temas que habían ocupado a los intelectuales, en la edad media, era sobre el rol del Emperador y el Papa y la supuesta autoridad de estos, sobre los otros príncipes, cuestión que aún despertaba interés en tiempo de Suárez. Este es terminante en afirmar, que no hay ningún poder sobre los distintos reinos cristianos, que el del príncipe que gobierna, poder que emana del pueblo.

Sostiene que las relaciones entre los pueblos deben estar basadas en el respeto a las personas. Cualquier ley que vaya contra la contra la persona atenta contra la sociedad. La iglesia no tiene autoridad efectiva en el campo civil, su poder, de origen divino la circunscribe al terreno espiritual. El género humano forma una unidad moral y política, independientemente de su raza o patria, pero considera utópico y abstracta la idea de un gobierno universal único.

Considera el Padre Suárez que los estados no pueden vivir encerrados y aislados "No pueden prescindir de la recíproca ayuda, colaboración y entendimiento". Por eso demanda un derecho internacional basado en el derecho natural y en el de gentes, y propone un organismo supranacional para mantener la paz y con capacidad de sancionar a los que provoquen conflictos. Es el primer antecedente de las Naciones Unidas, surgidas luego de la Segunda Guerra Mundial. En este campo distinguirá entre el concepto de guerra de agresión y la guerra defensiva que puede ser justa, dice, en la medida que sea mesurada y no cause daños irreparables al enemigo.

Dentro del concepto de guerra justa destaca la de la República contra el príncipe, cuando el príncipe es un tirano, porque este ha sido el agresor contra la república o alguno de sus integrantes, queda así definido el derecho de resistencia a la opresión como la idea de la reversión del poder, argumento usado por los cabildantes en mayo de 1810.

Su libro, encargado por Paulo V "Defensa del Catolicismo Contra los Errores de la Secta Anglicana" fue quemado por orden del Rey Jacobo I de Inglaterra, por cuestionar la teoría, en boga en las monarquías protestantes, del origen divino del poder real y la idea que solo le rendían cuentas a Dios de sus actos. Esto sucedió en 1613, cuando lo publica la Universidad de Coimbra y al año siguiente es prohibido por el parlamento de París.

Este estudioso de la Compañía de Jesús renovó la escolástica, cuestionada por los humanistas del renacimiento. Abrevó en Santo Tomás de Aquino, pero no dudó en corregir lo que consideraba errores del filósofo medieval y le dio autonomía a la metafísica grecorromana. Martín Heidegger sostiene su trabajo "Ser y

Tiempo" que Francisco Suárez fue el mediador ente la ontología griega y el pensamiento modernos. Por eso no ha faltado quien dijera que Suárez es "el más moderno de los escolásticos y el más escolásticos de los modernos". Y es evidente su influencia en Descartes y en Grotius. También se nota en el concepto de substancia de Baruch Spinoza la vinculación con el teólogo granadino. Sus ideas sobre el poder las vemos desarrolladas en John Locke y su Tratado sobre el Gobierno Civil y en el Contrato Social de Rouseau. El sujeto trascendente de Kant se inspiró en la analogía de atribución descripta por Suárez.

Estos escritos llegaron a nuestro continente en los baúles que traían los padres jesuitas para las Universidades, Colegios, Seminarios, Reducciones, Pueblos de Indios, Misiones, donde ellos educaban, así se formaron las clases dirigentes criollas y floreció en tierras habitadas por pueblos que vivían, los más adelantados, en la prehistoria una civilización vinculada al Occidente y la modernidad. La expulsión de la orden, sostienen algunos significó un retroceso para la formación de las élites, además de las consecuencias que tuvo en los pueblos de las misiones y como lo señala Alfaro en los párrafos que están más arriba, un aislamiento del mundo, salvo, tal vez en Buenos Aires por sus vinculaciones exteriores, pero perceptible en las provincias interiores.

DIECISÉIS

La Expulsión de los Jesuitas

En la noche del 2 al 3 de abril de 1767, unos 2.641 jesuitas que residían en las casas y colegios de la Compañía en España fueron detenidos por fuerzas militares y trasladados contra su voluntad a los puertos peninsulares para ser embarcados, como sardinas, en las bodegas de la flota española. Esa misma noche, en los dominios americanos, unos 2.630 jesuitas soportaron lo mismo que sus hermanos de España. Aquellos que no residían los puertos iniciaron en carretones el viaje a los mismos para ser depositados y trasladados como ganado en la flota española. Se les notificó que tenían prohibido regresar bajo pena de muerte. Sus propiedades, colegios, casas, fincas, estancias fueron apropiadas por el estado español; alguna parte de ese patrimonio le fue concedido a otras órdenes religiosas.

La expulsión fue preparada con gran sigilo durante un año y se caracterizó por la celeridad y contundencia de una organización eficiente.

El reino español, que se consideraba campeón del catolicismo y empleó el oro y la plata de América no en el engrandecimiento de su reino y la prosperidad de su pueblo, sino en largas y costosas guerras de religión, generando un costo enorme de sangre y dejando en la ruina a la empobrecida España, expulsaba -como dos siglos y medio antes a moros y judíos- a la orden sacerdotal católica más importante, tanto, por el número de sus integrantes, como, por la calidad intelectual de los mismos y por su labor, en las discusiones teológicas con protestantes y en las misiones encaradas desde 1549, cuando San Francisco Javier desembarcó en Japón, en tierras donde nunca habían llegado noticias sobre Jesucristo y su religión.

Ya otros reinos católicos habían hecho lo mismo. Esto comienza en el Portugal, dirigido por el marqués de Pombal, en 1759. Los jesuitas son acusados de un intento de asesinato al Rey, y como consecuencia 180 padres van al calabozo y el resto es expulsado.

En Francia también son acusados de atentar contra el monarca y sufren el destierro de ese reino en 1764. Pronto le seguirán el Reino de Nápoles y el ducado de Parma, también regido por Borbones y luego Austria, donde imperaban los Habsburgo.

Los primeros Borbones no tuvieron problemas con los jesuitas. Felipe V y Fernando VI tuvieron confesores de esa orden como el padre Daubenton (de Felipe V) y el padre Rávago (de Fernando VI). Luego del retiro del gobierno del marqués de la Ensenada, los jesuitas van perdiendo gravitación.

Aunque siempre hubo resentimientos, envidias y quejas por la Compañía, su influencia y sus presuntas riquezas, que no se reflejaban en la vida de sus sacerdotes, siempre caracterizados por su austeridad y la escasez de escándalos, porque el que no aceptaba las reglas y la disciplina era apartado de la Orden, los problemas se acentuaron en España con el tratado de San Idelfonso y la permuta de territorios entre España y Portugal que afectaron a las Misiones Orientales.

Los guaraníes no aceptaban depender del gobierno de Lisboa, tenían memoria de las incursiones de los mamelucos paulistas para esclavizarlos, por lo que fueron trasladando muchas de las reducciones para evitar esas tropelías y formando una milicia indígena con armas de fuego. Esta fue una de las acusaciones, el haber armados a los indios, olvidando que esa fuerza guaraní, conducida por los jesuitas, colaboró en las guerras con los portugueses y en varias ocasiones en la defensa de Buenos Aires contra las amenazas, inglesas, holandesas y francesas.

Los guaraníes resistían el cambio de jurisdicción y los padres jesuitas no pudieron convencerlos de lo contrario y estalló una guerra sangrienta con los indios de las reducciones. Los misioneros fueron acusados de instigarlas.

Unos años antes estalló en Madrid el llamado motín de Esquilache, ya que había descontento ante un plan de reformas urbanísticas y de control de la criminalidad, que incluía hasta cuestiones como el vestuario de la población al prohibirse las largas capas y sombreros que permitían esconder el rostro. En realidad, la causa de los alborotos fue el alza del precio del pan, y la protesta alcanzó a tal magnitud que una multitud atacó el Palacio Real, provocando la huida del Rey. El gentío fue controlado por los guardias al costo de 40 muertos. De estos hechos se culpó a la Compañía por los escritos de Mariana sobre el regicidio y el derecho de resistencia a la opresión.

Fueron, entonces, los jesuitas acusados de promover rebeldías indígenas, el regicidio, las doctrinas probabilistas que, en realidad, se originaban antes de la fundación de la orden, en la Escuela de Salamanca, el laxismo. El otro tema era el cuarto voto, el de obediencia al Papa, estaba en boga el regalismo, es decir, el derecho del monarca o del estado a manejar las rentas y erogaciones de las iglesias nacionales y la ocupación de las sillas apostólicas y controlar la disciplina del clero. Se sostuvo que los jesuitas al responder al Papa, introducían un poder extra nacional en los estados. Eran el tiempo del "despotismo ilustrado".

Algunos autores han culpado de este acontecimiento a la influencia de las logias masónicas.

Pero cuando se investiga la historia de la Orden, encontramos que tuvo enemigos desde la fundación y en el seno de la propia iglesia. En las universidades como las de París en el siglo XVI hay escritos acusando de herejes a los jesuitas. Obispos franceses y españoles también escribían barrabasadas contra los seguidores de San Ignacio, usando calificativos como secta sacrílega. La inquisición molestó en varias ocasiones a teólogos, sacerdotes y hermanos y no faltaron los que calificaron a Ignacio más dañino que Lutero y Calvino. La dedicación a las ciencias, las bibliotecas con libros de autores profanos o de otras religiones, o la idea que el Príncipe debía rendir cuentas al pueblo y hasta podía ser destituido por este escandalizaba a los cortesanos y los sostenedores de que solo rendían cuenta de sus acciones ante Dios como monarcas absolutos y con poder delegado desde el cielo.

Los escritos de Mariana y Suárez eran censurados por Universidades y autoridades de otras congregaciones. Irritaba a muchos, prelados y abades el voto de obediencia al Papa y los acusaba (infundada por cierto) de cómplices de los escándalos de Roma porque los Papas, a partir del Concilio de Trento, se caracterizaron por su conducta, piedad y austeridad, contrastando con los del Renacimiento que competían con los príncipes en cuanto a la apetencia del poder, el fasto y el lujo.

Por eso sostenían que los jesuitas no respetaban ninguna regla ni autoridad y eran reacios a cumplir las órdenes del Rey. Entre tantas calumnias llegaron a decir que ocultaron el descubrimiento de una mina de oro en el Uruguay y que habían mandado el oro a escondidas a Europa. También le echaban en cara que habían crecido y expandido demasiado rápido.

No gozaban, por cierto, los jesuitas de las simpatías de propietarios y comerciantes que envidiaban la prosperidad de sus misiones y sus estancias y que, equivocadamente, atribuían a la mano de obra indígena, que pretendían esclavizar. En realidad, el éxito de los jesuitas de debía a sus conocimientos científicos, al dominio de técnicas de producción más modernas, a su capacidad para comercializar su producción. Usando términos de la actualidad fueron excelentes CEOs, entendían el management para lograr buenas rendimientos en sus explotaciones y tratando a los indios y a los esclavos africanos mucho mejor que sus competidores.

Otra cuestión que lograron introducir en el Vaticano fue el uso de idiomas del país y la adaptación de los ritos a las culturas locales. Es el caso de los ritos chinos, el uso de vestimentas de esos países, y otros gestos buscando el acercamiento y penetración en esas viejas culturas asiáticas como las de la India y el Japón. En China se estaban haciendo progresos muy importantes. Además los jesuitas habían ayudado al emperador a repeler avances de los rusos sobre sus fronteras como también de los manchúes. Pero la cuestión de los ritos chinos y su prohibición por el Vaticano, por las intrigas de algunos cardenales y órdenes rivales, afectó y postergó, por no decir anuló, las posibilidades de crecimiento del catolicismo en ese extenso y poblado imperio.

El fiscal del Consejo de Castilla, Pedro Rodríguez de Campomanes, fue el encargado de las acusaciones, que iban desde haber instigado el motín del Esquilache a la acumulación de riquezas o que la orden era un estado dentro del estado.

Algunos sostuvieron, una interpretación propia de la ignorancia, que era el avance de la ilustración contra un pensamiento reaccionario y atrasado. Basta saber algo de los aportes de los jesuitas al avance intelectual y científico para darse cuenta de la ingenuidad del argumento y también de la comparación con las posturas de otras órdenes religiosas que no fueron afectadas, por el contrario, recibieron algunos de los bienes y propiedades que eran de la orden de Loyola y que les fuera sustraído.

Tampoco es cierta la teoría de Menéndez y Pelayo de una conspiración de universitarios, académicos, filósofos laicos y jansenistas contra la orden.

En realidad, la orden fue expulsada y luego promovida su disolución por Carlos III porque consideraba que había demasiados extranjeros en la misma, porque obedecía al Papa y el rey, de acuerdo a las teorías regalistas, consideraba que el gobierno de la iglesia y la administración de sus rentas era una cuestión del estado y el clero debía ser empleado del mismo. Por otro lado quería al desamortizar el patrimonio de la Compañía de Jesús, beneficiarse con esas riquezas, aunque parte de los bienes fueron traspasados a los obispos y a otras órdenes religiosas.

Algunos obispos que incumplían, 200 años después del Concilio de Trento, con la obligación de formar seminarios diocesanos, aprovecharon la apropiación de casas de los jesuitas y sus rentas para dotar a sus diócesis de estos centros de estudios para la formación del sacerdocio.

Los jesuitas expulsados fueron llevados en una larga navegación, en el caso de los americanos por el Atlántico, pero luego todos, por el Mediterráneo porque no los dejaban desembarcar en los Estados Pontificios, incluso en sus fortificaciones llegó la orden de disparar contra la flota española. Por último, se dirigieron a Génova, allí fueron recibidos y luego trasladados a la isla de Córcega.

El otro golpe fue la disolución de la orden exigida por el rey de España que mandó a Floridablanca a Roma para influir en la designación del nuevo Papa. El cardenal Lorenzo Ganganelli recibió el apopo de los reyes de la familia Borbón a cambio del compromiso de disolver la orden. Así lo hizo ya convertido en Clemente XIV.

Poco después de que la República de Génova le cediera la Isla de Córcega a Francia, los jesuitas se fueron a los estados pontificios, pero el Papa les exigió pasar el Clero secular. Los que no aceptaron, fueron recibidos por el Rey Luterano de Prusia y por la Zarina Catalina, la grande, en Rusia. Otros fueron a los Estados Unidos, donde fundaron la Universidad de Georgetown, durante la presidencia de John Adams, que dijo "detesto a esa orden, pero la constitución de los Estados Unidos garantiza la libertad de cultos y pueden entonces fundar su universidad".

Recién en 1814, el Papa Pío VII autorizó la restauración de la orden de San Ignacio de Loyola. Los jesuitas fueron expulsados otras dos veces de España, con la Reina Cristina y en 1932 con el gobierno de la República.

La expulsión dio lugar en México a fuertes resistencias y levantamientos como el de San Luis de Potosí, En el Tucumán hubo reacciones violentas en Jujuy y en Salta, donde la población atacó la casa del teniente de gobernador, en ambas ciudades y el virrey del Perú se vio obligado a mandar tropas para controlar la situación.

En las estancias de Buenos Aires, los esclavos negros se negaron a seguir trabajando para los funcionarios reales y una gran cantidad se fugó, lo mismo pasó con los esclavos de las estancias de Córdoba.

DIECISIETE

La Expulsión de los Jesuitas de Santiago del Estero

El gobernador del Río de la Plata, Francisco Bucarelli, fue por real cédula de Carlos III- comisionado para expulsar a los Jesuitas en el Río de la Plata y en el Tucumán. Para proceder en Santiago del Estero nombró juez ejecutor al capitán Juan Martínez, que debía seguir las órdenes del gobernador y capitán general Teniente Coronel de los ejércitos reales Juan Manuel Fernández-Campero en comunicación con el Teniente de Gobernador Manuel Castaños y el Maestre de Campo de la Plaza de Santiago del Estero, Diego Lizona.

La orden real se ejecuta el 9 de agosto de 1767, con la entrada de los funcionarios reales en la casa de los jesuitas en las calles Urquiza y 25 de mayo, donde ahora está emplazada Santo Domingo y su convento. El padre rector era el SJ Martín Aráoz, quien debió entregar la llave, quien junto a los demás los padres fueron secuestrados y puestos bajo custodia del franciscano Luis de Santa Rosa. Al día siguiente, los obligan a partir a Buenos Aires, custodiados, para embarcar hacia los Estados Pontificios en Italia.

El capitán Martínez procede a expulsar a los padres del campo del Palomar, la estancia del Maco y las propiedades en la ciudad y con una dotación de 25 soldados parte a la estancia San Ignacio, el Alcalde de segundo voto Francisco Avellaneda y el Alcalde Provincial Roque López de Velazco. Esta inmensa propiedad estaba en el límite con la actual jurisdicción de la provincia de Santiago del Estero, ocupando sus tierras partes de las actuales provincias de Catamarca y Tucumán. La propiedad era de la comunidad de Santiago del Estero.

En San Ignacio también los padres son secuestrados y remitidos de inmediato a Santiago del Estero, firmándose un inventario entre el padre SJ Miguel, procurador de San Ignacio y el nuevo administrador Pedro López de Urmeinda . Este personaje estará al frente de la estancia hasta 1784 y su memoria de este año es una prueba de la decadencia de los establecimientos jesuíticos a partir de la expulsión de la orden.

La estancia de San Ignacio de la Cocha contaba con rodeos de ganado vacuno, además había ovinos, caprinos; yeguarizos y mulares. Una importante carpintería producía carretas, muebles y utensilios de madera, aprovechando los bosques existentes en esas tierras. Había una curtiembre, herrería, sombrerería y lomellería. Había una hospedería para alojar viajeros y visitantes; iglesia con torre y galería, los aposentos de los sacerdotes, refectorio, los escritorios, biblioteca, sala para escuelas, cocinas, y huerta, los corrales para el trabajo con la hacienda. En la huerta había vides, frutales, hortalizas y caña de azúcar. Viviendas de trabajadores libres, indígenas y las de 239 esclavos. Los esclavos estaban con sus mujeres e hijos y todos vivían bien alimentados y vestidos decorosamente. Al poco tiempo de la expulsión algunos esclavos se rebelaron, también hubo problemas con la población indígena, al no respetarse asentamientos dados por los jesuitas en beneficio de estas gentes, como fue el caso del cacique Nicolás. Es llamativo, a partir de la expulsión, el incremento de las muertes de esclavos. Los sobrevivientes fueron vendidos en remate y separados de sus familias.

Al momento de la expulsión en San Ignacio había 13.690 vacas, 100 bueyes, 1590 mulas, 2056 yeguas, 68 burros 390 caballos, 300 ovejas, 200 cabras. Al año siguiente las vacas habían bajado a 8700 cabezas y las mulas a 1150 y las ovejas a 118 y en 1784 el administrador reconocía que la propiedad era deficitaria ya que quedaban 1784 vacunos, 125 mulas y 50 ovejas. Lo atribuía a que sólo quedaban 15 esclavos, pues hubo una venta de unos cien en Santiago del Estero en 1772 y otra de 114 en 1776 adquiridos por Martín Pueyrredón. Los puestos de estancia que cubrían estos esclavos fueron abandonados o en su lugar colocaron personas "conchabadas pero poco baqueanas".

En cuanto a las tierras en su mayor parte fueron, luego de subdivididas, vendidas a precios muy bajos y en muchos casos, con facilidades de pago a funcionarios y militares, entre ellos el propio hijo del administrador y a miembros de la Junta de temporalidades.

Entre los compradores estaban Pedro Eraclio López Gramajo (hijo del administrador), Isidro Correa, Lucas Córdoba, Sebastián Álvarez, Ventura Salas, Pedro Ortega, Juan Clemente Santillán. Los campos se vendían con la hacienda incluida, lo que permitía adquirir las tierras con el producto de la venta de los animales, a pesar de ello muchos no pagaron y les fueron condonadas sus deudas a ellos o a sus sucesores. Todos los compradores estaban vinculados a los Cabildos de Santiago del Estero o de San Miguel de Tucumán o eran oficiales de las milicias del Tucumán.

No hay información sobre la estancia de Maco y la estancia de Quimilpa, esta estaba ubicada en Catamarca.

En cuanto al Colegio Máximo de Santiago del Estero contaba con una iglesia con crucero y lindera una capilla de naturales con puerta hacia el atrio y la iglesia. El Colegio ocupaba 32 varas de frene por 161 de fondo. Colegio y la Iglesia estaban, cercadas por un muro de adobe crudo. Alrededor del primer patio estaban las aulas y diez aposentos, con techos de tejas, galerías y piso enladrillado. En estos aposentos había mobiliario, libros, instrumentos musicales y en el patio naranjos.

En el segundo patio estaba la Procuraduría, el almacén, la despensa, otros diez aposentos y una capilla, en el patio había parrales y un pozo con noria. Contiguo estaban la ranchería de los esclavos y el molino con su tahona. Enfrente se levantaba la Casa de Ejercicios Espirituales. También estaba alrededor la chacra de una a tres cuadras cuadradas, regada por la acequia real. Allí se cultivaban las hortalizas para el consumo y contaba con horno y galpón para fabricar ladrillos.

Entre los expulsados había dos eminentes sacerdotes y hombres de ciencia, nacidos en Santiago del Estero, uno era el naturalista Gaspar Xuárez y el otro el astrónomo Alonso Frías, que estaban en Córdoba, junto con los novicios, también santiagueños, Luis Díaz Caballero, Eusebio Castañares, Bartolomé Hernández, Vicente y Francisco Urreojola, Domingo Paz.

En cuatro carretones y una carreta, con cincuenta y cinco bueyes, siete caballos, quince mulas, cuarenta vacas para el consumo partieron a Buenos Aires, vigilados por veinte soldados al mando del Sargento Mayor José Miguel de Silbetti.

Como en otras regiones y como sucedió en Inglaterra con los bienes de la iglesia, luego de la separación por Enrique VIII, de la iglesia de ese reino del catolicismo, los allegados al poder aprovecharon para quedarse a bajo precio con el patrimonio reunidos por los Jesuitas. Patrimonio proveniente de donaciones, legados, concesiones y de las herencias familiares de muchos de sus integrantes de familias importantes que traspasaban esos bienes a la orden debido a sus votos de pobreza. Ese patrimonio era el que permitía sostener las universidades, los colegios, bibliotecas, imprentas seminarios, financiar expediciones, misiones y reducciones, exploraciones y las milicias que formaron en las Misiones del Litoral que fueron la mejor fuerza disponible en las tierras que hoy integran la Argentina de las apetencias de potencias rivales de la monarquía hispana.

La expulsión no terminó con los vínculos entre los jesuitas y

América, como se escribe en el punto sobre su influencia en el proceso emancipador. Desde el exilio los padres de la Compañía siguieron batallando por los americanos y sus derechos. Vemos esto en los libros de los padres Dobrizhoffer, Sánchez Labrador y otros tantos que volcaron en voluminosos tratados sus impresiones sobre este continente, su geografía, su botánica y zoología pero sobre todo sobre sus pueblos.

El patrimonio incautado por la Corona en las provincias que hoy forman parte de la Argentina fue considerable de acuerdo a las tasaciones de la época, aunque se vendieron por valores muy menores. El total del patrimonio en estancias, casas, colegios, residencias, talleres, animales, herramientas, mobiliario, bibliotecas, se estimó para las casas ubicadas en el Río de la Plata, Cuyo, El Tucumán, en poco más de cuatro millones de pesos y los cuatro mil quinientos noventa y tres esclavos en quinientos noventa y cinco mil cuatrocientos cincuenta pesos.[8]

Discriminado por Gobernaciones, vemos que la del Río de la Plata alcanza a un millón novecientos veinticinco mil quinientos setenta y seis pesos, por propiedades y cien mil seiscientos ochenta y seis por los esclavos que eran setecientos sesenta y dos.

En la gobernación del Tucumán se tasa las propiedades y su contenido en un millón setecientos veintisiete mil setenta y seis pesos y trescientos cincuenta y dos mil setecientos pesos por los esclavos que eran poco más de tres mil y en Cuyo los bienes inmuebles y sus contenidos apenas superan los cientos ochenta mil pesos y los cincuenta y siete mil pesos los cuatrocientos cincuenta y tres esclavos.

La tasación para las propiedades de Santiago del Estero, se estiman en ciento setenta y ocho mil pesos y en catorce mil seiscientos noventa y dos sus esclavos. Como dato comparativo, la sucesión de Bernardo Frías en 1812, considerado una persona de gran fortuna, fue de dieciséis mil pesos. Por otro lado la del sue-

---

8   Carta padre Dobriglefer.

gro del general San Martín, don Antonio de Escalada, fallecido en esa década en Buenos Aires alcanzó los quinientos mil pesos.

La leyenda de la riqueza de los jesuitas contribuyó al deterioro arquitectónico de las misiones y reducciones. Leyendas infundadas porque en las misiones no se usaba el dinero y los ingresos provenientes de la comercialización de las producciones de sus estancias y fincas iban a Roma, a la sede de la orden y desde ahí se atendía las necesidades de las obras que sostenía en todo el mundo.

Decíamos que contribuyó al deterioro porque muchos buscavidas se lanzaron a excavar pozos, romper paredes, destruir cimientos en la búsqueda de los presuntos tesoros que suponían enterrados por los padres antes de la expulsión. Fueron también una cantera de materiales de construcción para pobladores cercanos que despojaban de puertas, ventanas, piedras de los muros a estas construcciones.

En el caso de la ruinas de las misiones de la actual provincia de ese nombre y las de la costa oriental de Corrientes a la larga decadencia siguieron las consecuencias de las guerras emancipadoras. Así fueron atacadas, en la guerra, que Artigas y su lugarteniente Andrés Tacuarí, sostuvieron contra los portugueses. El Marqués de Alegrete y el general Chagas asolaron ferozmente los siete pueblos argentinos desde los cuales Artigas sostenía la lucha contra Portugal. Nada dejaron en pie en cincuenta leguas a la redonda.

En Santiago del Estero a los pocos años el obispo en una visita pastoral queda impresionado por la pobreza de las viviendas de la ciudad, aisladas las casas unas de otras, corroídas por el salitre, en estado de casi abandono, sin ninguna escuela, pues, el único maestro se había retirado al debérsele cuatro años de sueldos, dice que el único edificio que valía la pena era la antigua residencia e iglesia de los jesuitas pero que ya mostraba signos de deterioro.

Dice Leopoldo Lugones en su ensayo el Imperio Jesuítico, libro financiado por el gobierno del general Roca "El incendio devastó las poblaciones, el saqueo acabó con el último ganado y los postreros restos de la opulencia jesuítica, En otra parte mencioné el botín compuesto por los ornamentos religiosos, a los cuales hay añadir las campanas y hasta las imágenes de madera". A esto se sumó el dictador del Paraguay el Doctor Francia, que para quedar bien con los portugueses destruyó lo que quedaba de las misiones de la costa del

Paraná y en 1828 Fructuoso Rivera concluyó con las quedaban al oriente del Uruguay, cautivando a mujeres y niños. En 1826 el efímero gobierno nacional de Rivadavia recreó la provincia de Misiones y los caciques Ramoncito y Caraypú colaboraron en la guerra contra el Imperio del Brasil.

DIECIOCHO

Dos Jesuitas Santiagueños destacados

Dos nativos de Santiago del Estero, con lazos de parentesco con las principales familias de la gobernación del Tucumán, tuvieron una actuación destacada, tanto como sacerdotes jesuitas como hombres de ciencia.

En primer lugar nos referiremos al padre Gaspar Xuárez que nació en la ciudad de Santiago del Estero el 11 de junio de 1731 en el hogar de Gaspar Juárez Baviano Lacunza y María Narcisa Díaz Caballero Ledesma Valderrama. El padre Gaspar Xuárez era descendiente de varios conquistadores que estuvieron en las fundaciones de varias ciudades del Tucumán. Cursó estudios en el Real Colegio Convictorio de Nuestra Señora de Monserrat y luego ingresa a la Compañía de Jesús en 1748 cursando Filosofía y Teología en la Universidad de Córdoba, en la que luego de graduarse y hacer sus votos será profesor.

Tiene 36 años cuando llega la orden de expulsión de Carlos III de todos los integrantes de la Compañía de Jesús, de todos los dominios reales, siendo acompañados en su viaje por muchos novicios que prefirieron seguir la suerte de los padres haciendo oídos sordos a las propuestas de las autoridades de desertar de la Compañía.

Llegados a Europa son remitidos a Italia radicándose en Faenza hasta la disolución de la orden en 1773. Se traslada entonces a Roma donde funda el "Orto Vaticano Yndico", huerto vaticano de plantas exóticas, con especies originarias de América.

El padre Gaspar Juárez es el primer botánico argentino y sus trabajos fueron publicados con el título de "Osservazioni Fitologiche, en colaboración con el botánico Folippo Gilli; Es una obra en tres tomos. Con Sir John Hill publica Raccotta di albveri curiosi y se vincula con los botánicos más prestigiosos de Europa. No fue ajeno a su interés el estudio sobre la filología y el análisis de la gramática del idioma quechua

Otras obras del padre Xuárez fueron la biografía del novicio José Clemente Baigorri, la de María Josefa Bustos madre de su discípulo Ambrosio Funes y de la beata María de San José, conocida como Beata Antula y nacida como María de Paz y Figueroa.

En las ciudades italianas donde los jesuitas expulsados de América y España se dispersaron mantuvieron sus relaciones, lograron insertarse como catedrático en universidades y colegios o preceptores en las casas de las familias nobles y mantuvieron el contacto con el vicario instalado en la Rusia de Catalina la grande.

Pero lo más interesante del padre Xuárez o Juárez es la correspondencia con personalidades de su patria que permitieron mantener la influencia de los jesuitas. Se destaca la relación con María Antonia de Paz y Figueroa, de la que había sido confesor y a la que unía lazos de parentesco por ser ambos nativos de la ciudad de Santiago del Estero.

El otro vínculo fue con su alumno Ambrosio Funes, hermano del Deán Funes, que agradecido por la formación recibida de su profesor lo tuvo al tanto de los sucesos en estas tierras y le mandó auxilios económicos. En una de sus cartas, generalmente extensas de veinte o más carillas escribe Funes: "La repatriación de la Compañía de Jesús nos ha privado de los mayores bienes que componen a la sociedad humana, es decir de los hombres más sabios, más virtuosos y de los mejores amigos…no por ello falta quien los vengue y defiendan del modo más glorioso que es lo que he insinuado al principio de esta carta la madre beata con su famosa misión hace revivir el espíritu de la Compañía, su continua acción en esta obra no produce la menor alteración.

La correspondencia entre el padre Xuárez, la beata Antula y Ambrosio Funes permitió un intercambio de noticias entre lo que pasaba en estas provincias y el continente europeo pero además posibilitó que la obra de la beata se conociera en toda Europa, llegando a conocimiento del Papa, de los jesuitas desparramados por ese continente y el Vicario de la orden refugiado en Rusia.

No solo noticias mandaba el padre Gaspar Xuárez, también remitía libros, reliquias, objetos de culto, imágenes religiosas, satisfaciendo los pedidos de sus amigos de su antigua patria.

Entre otras cosas la correspondencia entre Gaspar Xuárez y Ambrosio Funes, además del intercambio de ideas políticas, religiosas y noticias sobre los expulsados emprendieron la promoción de las formas de culto jesuitas. Por ejemplo de esta relación entre el "expulso", Ambrosio Funes y su hermano el Deán Gregorio Funes se restableció en Córdoba la devoción al Sagrado Corazón, culto prohibido por la monarquía hispana. Para esto encontró el apoyo del general Tomás de Allende, cuya hija María Ignacia se había casado con Funes. El general Allende dispuso al fallecer que su esposa Bernardina y su hija Mauricia fueran benefactoras de la fiesta del Sagrado Corazón y de San José en su memoria. Para Xuárez esta noticia y los legados eran una "providencia especial de Dios" que permitían restaurar los cultos prohibidos por la influencia jansenista en la Corte Borbón. La influencia de los Funes y los Allende en la sociedad cordobesa, con las recomendaciones de Xuárez, sus envíos de imágenes, relicarios e indulgencias fomentaron en Córdoba el culto al Sagrado Corazón, y de esta manera como en Buenos Aires con la Beata Antula se mantuvo la presencia jesuítica en estos territorios a pesar de la expulsión.

Es que así como las ideas no se matan como proclamara Sarmiento en las montañas de la cordillera de los Andes en San Juan, la cultura no se establece ni se cambia por decreto, por más poder que tenga el gobernante.

Xuárez falleció en Roma el 3 de enero de 1804. Sus escritos se conservan en la biblioteca del Vaticano, aunque algunos están extraviados.

En 1962 por iniciativa del ingeniero agrónomo Lorenzo Parodi se fundó el herbario de la Facultad de Agronomía de la Universidad de Buenos Aires y se le puso el nombre de Gaspar Xuárez en honor de este precursor de la botánica y las ciencias naturales; también la Universidad Católica de Córdoba, fundada a mediados del siglo pasado por los jesuitas, designó con el nombre de este ilustre santiagueño el jardín botánico de la Facultad de Ciencias Agropecuarias de esa casa de estudios superiores.

Otro sacerdote jesuita de origen santiagueño y con una trayectoria muy destacada, fue Alonso de Frías y Zelarayán. Su nacimiento tuvo lugar en la ciudad de Santiago del Estero el 13 de octubre de 1747 siendo sus padres don Eustaquio de Frías Alfaro y su madre Josefa de Zelarayán y Paz de Figueroa. Por ambos progenitores pertenecía a familias fundantes de lo que hoy es la Argentina y tenía lazos de parentesco con María Antonia de Paz y Figueroa, la beata Antula y con familias del noroeste argentino, sobre todo en Santiago del Estero y Tucumán.

A los diecisiete años ingresó en la Compañía de Jesús y estaba cursando sus estudios en Córdoba cuando llegó la orden de expatriación de los jesuitas. Llevado junto con el padre Gaspar Xuárez. Juan José Paz, Domingo Paz, Bartolomé Hernández, Francisco de Urréjola y Eusebio Castañares desde Córdoba a Buenos Aires embarcó hacia Cádiz en agosto de 1767, arribando a Cádiz al año siguiente. Desde esta ciudad fueron deportados a los Estados Pontificios.

Concluidos los estudios de teología recibió las órdenes sacerdotales y se dedicó a investigar y estudiar la astronomía y las matemáticas. Fue discípulo de un destacado científico jesuita de la ciudad de Brera, el padre Rogelio Giusseppe Boscovich. Otros destacados astrónomos que trabajaban entre Brera y Milán eran los padres Ángelo de Césaris y Francisco Reggia, directores del observatorio de Milán. El Padre Alonso Frías colaborará con ellos en la construcción del observatorio astronómico de Brera, lindero a la Universidad de los Jesuitas de esa ciudad italiana.

En carta a Ambrosio Frías el padre Xuárez le escribía sobre Frías que sus compañeros de destierro se habían dedicado con ardor al estudio de las ciencias "particularmente Alonso Frías, mi paisano, que ha estudiado todos estos años ex profeso, y se ha adelantado mucho en todas sus partes y particularmente en su diseño, le dice que está en Milán y que hace diez años estaba ya bien instruido en álgebra y en todas las progresiones aritméticas, geométricas,, fracciones, etc. del cálculo integral y todo su empeño es para servir de utilidad a nuestra provincia".

En 1791 publica una trabajo sobre la verdadera ubicación de Cádiz la que mandó a España manuscrita y que fue bien recibida por los astrónomos, pero no llegó a editarse. Tuvo estrecha relación con otro jesuita destacado hombre de ciencia, el padre Lorenzo Hervás y Panduro, lingüista y polígrafo, que en sus publicaciones dio a conocer los talentos y aportes a las ciencias exactas y la astronomía de este eminente sacerdote santiagueño.

En 1798 Carlos IV firmó un decreto permitiendo el regreso a España individuamente de los jesuitas nacidos en sus dominios. Frías junto con Urréjola, otro comprovinciano, quiso viajar para pasar a su patria, pero la prohibición se mantenía para los jesuitas americanos.

En el viaje de Roma a Barcelona cayeron prisioneros de una flota angloturca que lo despojó de sus equipajes y libros, pero logró evitar ser llevado a las prisiones argelinas.

Con el restablecimiento de la Compañía de Jesús, residió en el convento de Gesú en Roma. Estuvo presente en el acto de levantamiento de la prohibición de la orden jesuítica y el 10 de octubre de 1814 hizo sus votos definitivos, reingresando junto con poco más de dos mil sobrevivientes a la orden de San Ignacio.

Además de artículos en las revistas de Brera y Milán escribió "Física segunda parte"; "Memoria sobre los Planetas"; De la posición geográfica de Cádiz"; "Determinación del Paralelo en que el sol se haya cotejado con la estrella en su ida y vuelta del solsticio de invierno"; "Tratado del Artículo XII de la Historia de Matemática de Montucia".

El padre Alonso Frías falleció en Roma el 25 de diciembre de 1824.

Ya hemos mencionado en otras líneas al padre Diego de León Villafañe, el único jesuita que logró regresar al país. No era santiagueño sino tucumano, pero con lazos de parentesco en Santiago del Estero y otras ciudades de la antigua gobernación del Tucumán. Pertenecía a una de las familias más viejas y acaudaladas de la región.[9] Fue uno de los expulsos y como ellos residió en Italia. Al igual que el padre Xuárez mantuvo una copiosa correspondencia con los hermanos Ambrosio y Gregorio Funes. Puedo regresar el virreinato del Río de la Plata en 1799 y durante un tiempo vivió en casa de los Funes en Córdoba.

Luego de un tiempo regresó a Tucumán, expulsados ahora de Italia por Napoleón, y recibidos ahora por Carlos IV pero sin permiso para volver a nuestro continente. Pero Villafañe se las arregló para embarcar a Buenos Aires. En Tucumán es recibido por sus sobrinos José Agustín Molina, quien será tiempo después obispo y Manuel Felipe Molina. La orden de expulsión seguía vigente pero la influencia de su familia era importante y eso permitió su residencia en su solar nativo. Residía en la Finca familiar el "Chorrillo de Santa Bárbara" evitando así la orden de expulsión que sufrieron otros dos jesuitas que regresaron, los padres Arduz y Rivadavia, deportados nuevamente a España.

Entre 1800 y 1808 partió al sur de Chile para misionar entre

---

9   Artículo de Carlos Páez de la Torre en "La Gaceta" (2003).

los araucanos aunque le costó entrar. Volvió a cruzar la cordillera en 1819, a los 78 años, con el apoyo de San Martín para volver a incursionar en tierras araucanas, pero no le permitieron, los caciques, avanzar.

Fue partidario de la revolución de mayo, y celoso defensor de la ortodoxia de la doctrina del catolicismo escribiendo numerosos trabajos sobre ese tema. Escribió artículos en oposición a la disolución de la Junta Grande y a la expulsión de Buenos Aires de los representantes de las provincias. Atribuía los desórdenes y la anarquía, llegadas con la revolución, a la expulsión de su orden y el abandono de las propuestas democráticas del padre Francisco Suárez. También se lamentaba que en la guerra en el norte en ambos ejércitos había americanos y sostenía que había que buscar acuerdos porque los peligros venían de Europa. Celebró el restablecimiento de la orden, había sido autorizado, a efectuar los votos antes de su muerte en caso de que la misma se produjera antes del restablecimiento de la Compañía, autorización recibida del papa Pio VII

Falleció el 22 de marzo de 1830 a los 88 años.

DIECINUEVE

María Antula, la Sierva de Dios

La obra espiritual de los jesuitas fue continuada por una mujer santiagueña, nacida en el seno de una de las familias de más linaje de la provincia, tanto por sus antecesores, como por algunos de sus descendientes.

Nos referimos a María Antonia de Paz y Figueroa, que nació en la ciudad de Santiago del Estero, entre 1729 y 1730, dato que no se puede constatar porque los libros de bautismo, anteriores a 1777, han desaparecido de los archivos de la Catedral de la ciudad. Era descendiente de Juan de Paz y Figueroa, nacido en Santiago en 1642, nieto paterno de Sancho de Paz y Figueroa y nieto materno de del general  Don Alonso de Herrera y Guzmán. En sus antepasados estaba el conquistador Ramírez de Velasco y entre las figuras destacadas del quehacer argentino con sangre de los Paz y Figueroa, están el doctor Juan Bautista Paz, el vicepresidente de Mitre el coronel

Marcos Paz, el general Julio Argentino Roca, dos veces presidente de la Nación y su hijo Julio, gobernador de Córdoba y vicepresidente y el fundador del diario La Prensa, de Buenos Aires, José Clemente Paz, por citar a los más importantes.

El hogar de María Antonia era lindero a los terrenos donde estaba la iglesia y casa de los Jesuitas, y desde niña se mostró creyente y piadosa. Desde los quince años vistió hábito, convirtiéndose en una "beata", mujeres que no ingresaban a un convento, pero practicaban una vida religiosa similar a las monjas, es lo que en estos tiempos denominamos "laicas consagradas".

Cuando los jesuitas fueron expulsados esta mujer, que ya usaba el nombre de María Antonio de San José, una muestra de humildad, al abandonar el prestigioso apellido heredado, sintió que la tarea de esos padres debía continuar. A su nombre adoptado agregó el apelativo de "Beata Profesa de la Compañía". Ella creyó necesario que la sociedad de esa época no se privara de los ejercicios espirituales de San Ignacio de Loyola.

Esta mujer se anima a un acto de protesta y rebeldía poco común en ese tiempo contra una medida del monarca, Carlos III, que era un exponente en España de lo que se llamó el despotismo ilustrado. Incluso le informa al Virrey Vértiz de su decisión "desde el mismo año que fueron expulsados los padres jesuitas, viendo la falta de ministro evangélicos y en doctrina que había , y los medios para promover, me dediqué a dejar mi retiro, aunque mujer y ruin, con venia de los señores obispos y colectar limosnas para mantener los santos Ejercicios Espirituales del grande San Ignacio de Loyola, para que del todo no pereciese su obra de tanto provecho para las almas y de tanta gloria para el cielo".

Esta mujer que a los treinta y siete años queda sin el apoyo espiritual de los padres jesuitas entre ellos su confesor Gaspar Xuárez por la expulsión de la orden de muestra un coraje poco común en la provincia de su nacimiento que es enfrentar al poder, algo que sigue pasando ante gobiernos de tipo feudal, que se han prolongado en el tiempo aprovechando el miedo, la indiferencia, o la cobardía de muchos.

Se anima a proclamar sus simpatías por la orden, y ella sola, sin estructuras ni medios, se lanza a la tarea de reinstalar la práctica de los ejercicios espirituales ignacianos que se habían abandonado desde la expulsión de la orden.

La Beata peregrinó por todo el Tucumán promoviendo los ejercicios ignacianos. Salta y Jujuy, Catamarca y la Rioja, y por supuesto los parajes santiagueños fueron transitados por ella, apenas acompañada por tres o cuatro mujeres. Luego partió a Córdoba donde estuvo un tiempo y finalmente salió para Buenos Aires, desde esa ciudad viajó también a la campaña oriental y a la ciudad de Montevideo, pero regresó a la que ya era la capital del Virreinato del Río de la Plata.

Todos estos trayectos los cubría a pie y descalza, llevando se bastón y una cruz, con la cruz afrontaba los peligros del camino. Atravesaba soledades, donde faltaba todo y el riesgo era grande de ataque de fieras, bandoleros o indios. Tuvo el apoyo en Córdoba de Don Ambrosio Funes y sostenía correspondencia con el padre Gaspar Juárez, el jesuita santiagueño, que vivía en Roma, desde la expulsión.

Realiza una tarea inmensa porque logra que doscientas, trescientas y quinientas personas se anoten para los ejercicios, personas que hay que albergar y alimentar.

A los 15 años María Antonia de Paz y Figueroa, lectora de San Ignacio, en un tiempo en que la casi totalidad de las mujeres no sabían leer no escribir, algo que Felipe II consideraba conveniente decide consagrarse a la vida religiosa. Decide entonces dejar sus vestiduras por una túnica negra y vivir con otra mujeres como ella, en esos tiempos no había religiosas de vida activa, solo existían conventos con monjas de clausura, y a las que tomaban la decisión de dedicarse a la religión como ella se las llamaba beatas. Luego de un período de prueba se les entregaba el hábito de la Compañía cambiaban el apellido, por eso pasa de ser María Antonia de Paz y Figueroa a llamarse María Antonia del Señor San José.

Dirigidas por un jesuita, ayudaban a los sacerdotes, educaban en el catecismo a los niños, cosían y bordaban, se ocupaban de los enfermos y los pobres. Así, caminará, por las calles de la polvorienta Santiago del Estero, ciudad que en ese momento no llegaba a los dos mil habitantes, pues casi el 90 % de la población vivía en el campo.

Con la expulsión, María Antonia de Paz y Figueroa, no sólo no reniega de sus vinculaciones con la orden expulsada, sino, que se propone restaurar la práctica de los ejercicios, abandonados con la deportación de los sacerdotes de la compañía.

Sale con su cruz de madera en la mano y descalza y camina de puerta en puerta. Entre las primeras que la acompañan está Ramona Ruiz y Manuela Villanueva. El primer sacerdote que se presta dirigir, en Santiago, los ejercicios, es el padre Toro, superior de los mercedarios. El éxito le anima a salir a la campaña y recorrer los parajes de Santiago por dos años, luego inicia su periplo por todas las ciudades del noroeste.

"Los Ejercicios no paran en ninguna estación del año, ni por fríos ni por calores. Cuando salen unos, no hay más días de por medio que dos, otras veces uno y, ha habido ocasión que han salido por la mañana y han entrado por la tarde otros" "Los Ejercicios no discrepan en nada de los que los Padres daban. Lo que he añadido es que sean de diez días contando desde el día que entran hasta que salen".

Recorre los caminos con las compañeras mencionadas, algunas mujeres que le ayudan en tareas domésticas y un peón; viajan con un carro y mulas para la carga y los objetos para celebrar la misa.

"Yo no doy ningún paso en estas empresas, decía, antes de haber comprendido bien si es una orden de Dios, que parece entonces conducirme por la mano, aun cuando no pueda decirles como se hace…. en muy largos y penosos viajes a través de desiertos deshabitados, en medio de lagos y ríos desconocidos, y muchos otros obstáculos no he sufrido daño considerable. Cuando estuve en Catamarca fui desahuciada por el médico. Me encomendé al

Sagrado Corazón de Jesús y me encontré curada de pronto, sin ningún remedio. A consecuencia de una caída me rompí una costilla. En otra ocasión me disloqué un pie, pero fui curada una y otra vez por el contacto de una mano invisible".

Mientras viajaba por Tucumán se les aparece en medio de la sierra un puma que les cierra el paso. Sus acompañantes retroceden pero la beata mantiene su entereza y serenidad y avanza con la cruz en la mano, y el puma se retira.

La beata no solo recuperó los ejercicios espirituales para los hombres, sino que también los introdujo para las mujeres y en muestra de que todos son hijos de Dios en esa sociedad estratificada en estamentos, ella introdujo ideas de igualdad que puso en práctica en los ejercicios, donde los compartían los grandes funcionarios, junto con la gente común, los mestizos, indios, mulatos, esclavos, todos compartiendo habitaciones y el comedor. Similar criterio aplicó en los retiros de las mujeres.

Por eso se puede decir que ella inició la integración, en Jesucristo, de todos, los humildes, los gauchos, los negros, fueran libertos o esclavos y los indios, con los que podía comunicarse en quichua, idioma que dominaba. Mostró su coraje, también, en momentos en que todo lo jesuítico era aborrecido desde el poder, como que se llamaban a los sacerdotes de la Compañía, "los expulsos", a celebrar a San Ignacio, fiesta religiosa que había sido abandonada.

Los hombres de la revolución de mayo participaron de los ejercicios y Cornelio Saavedra colaboró en la obtención de fondos para la Casa de Ejercicios.

Su obra, que perdura en Buenos Aires, fue la Casa de Ejercicios de la avenida Independencia. No le fue fácil ser aceptada en la capital virreinal. Pero ella con fe y perseverancia logró conmover corazones, como le había sucedido en Córdoba, tanto de las jerarquías eclesiásticas como de las autoridades civiles y de las personas caritativas, así fue como alquiló las primeras, casas y luego consiguió el terreno y los recursos para construir la Casa de Ejercicios que aún perdura como una de las construcciones más antiguas de Buenos Aires y donde se siguen practicando los ejercicios espirituales. Recibió del vicario de los jesuitas exiliados en Rusia, padre Gabriel Lenkiewicz la Carta de hermandad jesuítica. Su fama llegó a todos los jesuitas dispersos por el mundo y la Papa.

Falleció el siete de marzo de 1799; sus restos descansan en la iglesia de la Piedad. Fue declarada sierva de Dios para el papa Benedicto XVI y ha sido beatificada por el papa Francisco y se espera que no pase mucho tiempo para que sea declarada Santa, y así elevada a los altares para convertirse en la primera mujer argentina en alcanzar ese grado, y honrará a la tierra donde nació y a la que llegaron los primeros jesuitas.

La obra de María de San José o María Antonia de Paz y Figueroa fue proseguida varias décadas después en las sierras cordobesas por el cura Gabriel Brochero, el famoso cura gaucho recientemente, santificado por el Papa Francisco. El padre Brochero que realizó una gran obra de progreso en la región conocida con la traslasierra, estuvo en Buenos Aires donde practicó los ejercicios espirituales ignacianos en la Casa de Ejercicios fundada por la beata santiagueña. Quedó impactado de tal forma que estimuló esa práctica en su vasta parroquia y tuvo como obsesión, que logró cumplir, construir en la sede de su curato una casa de Ejercicios Espirituales, que permanece en la ciudad que lleva, ahora, su nombre.

VEINTE

El Retorno de los Jesuitas

En 1836 regresan los jesuitas a Buenos Aires llamados por Rosas. Ya en 1816 tanto Ambrosio Funes como el Deán Gregorio Funes, enterados del restablecimiento de la orden por el Papa Pio VII en 1814, plantean pedirles al general de la orden el retorno a estas provincias para hacerse cargo de los colegios que les habían sustraído. La orden se había reconstituido con los sobrevivientes de la disolución en 1774, así que eran ancianos. Pero de inmediato comenzaron a abrir los colegios y seminarios para reclutar nuevos sacerdotes.

Es interesante recordar, porque resalta la huella que dejaron estos padres en América, que los diputados americanos que participaron de las Cortes de Cádiz en 1810, y de la redacción de la famosa constitución de 1812 que establecía la monarquía constitucional, solicitaron al papado el restablecimiento de la orden jesuítica, cuatro años antes de la bula de Pio VII.

El Deán Funes llevó el tema del regreso de los jesuitas al Congreso y presentó un memorial el padre Villafañe, uno de los pocos expulsados que logró retornar a América y vivía a la sazón en

Tucumán. Por escritos de Villafañe se deduce que el Congreso veía con simpatía esta propuesta, pero no sabemos si se trató en las actas secretas.

La primera provincia en solicitar el regreso de la orden fue la de Mendoza. Para eso votó una ley la legislatura en la que se destinaba los edificios, potreros y viñas de los agustinos, orden que había dejado de existir en la provincia. En abril de 1838 gestiona Entre Ríos la venida de la compañía, con el acuerdo del gobernador el general Pascual Echague, que era además doctor de la Universidad de Córdoba. También Salta quiere traer seis religiosos jesuitas para abrir un Colegio. Pero el gobernador Manuel Solá se encuentra con la oposición de Rosas a la que enfrenta, sin éxito, por correspondencia, Rosas ya estaba disgustado con los jesuitas. Luego de Salta, el 23 de mayo de 1839 la legislatura de la provincia de Córdoba aprueba una ley que posibilita el retorno de la orden y su asentamiento en su antigua iglesia y colegios. La Rioja y Catamarca no se quedaron atrás y también votaron el regreso de los padres jesuitas.

En Buenos Aires llegaron el 9 de agosto de 1836, siendo influyentes en la decisión de invitarlos a retornar Tomás de Anchorena y Felipe Arana, tanto en convencerlo a Rosas como en los contactos con autoridades de la orden en España. El gobernador Juan Manuel de Rosas les otorgó un subsidio, pidió que misionaran en la campaña provincial y decretó que recuperaran parte del edificio del Colegio de San Ignacio y la iglesia de igual nombre. Al año siguiente iniciaron las clases en el colegio y ante la enorme afluencia de pedidos de ingreso solo pudieron aceptar a la mitad.

Entre los alumnos estaban personalidades futuras como Federico Aneyros, futuro arzobispo de Buenos Aires, Eduardo O Gorman, Delfín Huergo, José Benjamín Gorostiaga, Benjamín Victorica, Juan Francisco Seguí, Guillermo Zapiola, Saturnino Unzué, Guillermo Rawson, Ventura Martínez, José M Malaver, Juan Manuel Terreros, Miguel Navarro Viola.

Los jesuitas no quisieron subordinarse al gobierno de Rosas

que pretendía utilizarlos, como hizo con el clero secular y otras órdenes, al servicio de su faccionalismo. Pretendía que condenaran a los unitarios y adversarios, que aprobaran fusilamientos, incluso de sacerdotes, Cuando sucede el asesinato de Manuel Maza, el presidente de la legislatura porteña, hizo colocar su retrato en los altares de las iglesias de Buenos Aires, pero los jesuitas se negaron- Esto significó que tuvieron que irse otra vez del país. En 1841 partió para Montevideo el superior padre Berdugo y al año siguiente le siguen otros padres que habían permanecido en Buenos Aires. Fundaron una casa en la capital Uruguaya y fueron también a Asunción del Paraguay, pero de allí también se retiraron porque los López pretendían, como Rosas, subordinarlos a sus políticas. También se fueron de Córdoba, el gobernador resistió un tiempo las presiones de Rosas, pero en 1848 los sacerdotes se fueron de la ciudad de Córdoba. Regresaran después de Caseros al país.

Hubo dos jesuitas, el padre Majesté y el padre Ildefonso García, que permanecieron en Buenos Aires y alabaron a Rosas. El padre Majesté llego a pedir la protección del cielo sobre la persona de Rosas contra sus adversarios. Dice el padre Furlong sobre este penoso episodio "notaremos que esta profanación de la cátedra sagrada, aunque leve e insignificante en comparación de lo que otros hacían y decían, mereció la condenación de parte de los superiores de la Compañía y Majesté lo mismo que Ildefonso García, fue despedido de la Compañía y segregado de miembro de la Compañía de Jesús".

Fue así como los jesuitas para Rosas pasaron de "ser casi ángeles a demonios" 19(). En 1846 el diario oficialista la Gaceta Mercantil decía: "La historia de los jesuitas es una serie de atentados contra el orden social y político de las naciones, y de abusos impíos y atroces de la religión para excitar el fanatismo ciego y brutal, pervertir los divinos preceptos, y apoderarse de las conciencias, de las pasiones, y de todos los medios para un fin único, el más egoísta y criminal, la riqueza y el poder de la compañía jesuítica".

En 1856 se concreta el regreso de la orden a Buenos Aires, al no lograr la recuperación del antiguo Colegio de San Carlos, que se convertirá en el Nacional Buenos Aires, adquieren en 1864 los terrenos de la Avenida Callao, donde levantan el Colegio del Salvador. En 1872 con planos del arquitecto Pedro Luzetti iniciaban las obras de la iglesia que se levanta en la esquina de Callao y Tucumán. Para esto cuentan con importantes donativos de las familias Llavallol y Marcó del Pont.

Pero antes habilitaron un pequeño seminario gracias a la donación de una finca de propiedad del obispo Mariano Escalada, gestor del retorno de la compañía y que además les pidió misionar en la campaña. En el terreno donado se edificó la iglesia Regina Martyrum sita en la calle Hipólito Yrigoyen.

El obispo de Buenos Aires. Mariano Escalada, en el año del retorno de los jesuitas decidió expulsar a los masones de la iglesia en una carta pastoral donde planteaba la incompatibilidad de pertenecer a la iglesia católica y a la masonería simultáneamente. "los masones se opusieron con denuedo a la expulsión, reclamando por "sus derechos religiosos" ante el gobierno, pero el obispo fue inflexible. Los masones encontraron en el antijesuitismo un discurso capaz de defender su pertenencia a la iglesia oponiéndose a la vez al obispo".

Esta pastoral del obispo Escalada despertó en Buenos Aires el antijesuitismo que estaba en boga desde la ilustración y siguió vigente en el siglo XIX y parte del siglo pasado y que formó parte de las teorías conspirativas de la historia en las que se pusieron en la misma bolsa a jesuitas, masones y judíos.

Fue así como en la prensa los ataques a los jesuitas proliferaron y se acentuaron con el acceso a la presidencia de la Nación de un católico practicante como Nicolás Avellaneda que incluso incorporó en la lista de diputados nacionales por Buenos Aires al arzobispo Monseñor Aneiros, quien ya había sido diputado provincial por el autonomismo.

El Arzobispo Aneiros resolvió devolver el templo de San Ignacio a los jesuitas y el templo de la Merced a los mercedarios. Esto provocó la reacción de las logias masónicas que iniciaron una campaña en los diarios donde influían. Había un caldo de cultivo, porque el país, sufría las consecuencias de una severa crisis internacional, que se traducía en dificultades para la población. A esto se agregaba la presencia de inmigrantes anticlericales venidos de España e Italia. En el caso de los italianos, habían llegado muchos del norte, veteranos de la guerra de la unidad italiana que veían en el Papado un enemigo de ese proceso.

El 28 de febrero de 1875 se convocó a una manifestación en el teatro Variedades, ubicado en la calle Suipacha entre Corrientes y Cuyo (actual Sarmiento). Después del acto, la multitud marchó a la Plaza de Mayo donde algunos grupos atacaron y saquearon el palacio de la Curia. Luego fueron a San Ignacio, la apedrearon y saquearon la sacristía y finalmente se dirigieron al Colegio del Salvador, entró en la iglesia y cometió todo tipo de tropelías, saqueos y provocaron el incendio del edificio, hasta que llegaron tropas de línea que terminaron con esta ordalía. Hubo cien detenidos, pero en el proceso los jueces actuaron con benevolencia.

Desmiente el historiador Roberto Di Stefano, que el incendio del Salvador haya sido "mera obra de extranjeros, puesto que la mayor parte de los detenidos eran argentinos. Además en su mayoría eran de humilde condición, y llama la atención la permanente referencia a negros y mulatos en los testimonios de los testigos. En todo caso había menos proporción de extranjeros entre los atacantes que entre las víctimas, que lo eran casi en su totalidad. El anti jesuitismo había movilizado a una multitud, había dado lugar a una de las manifestaciones más nutridas de la época, había puesto en marcha el primer motín anticlerical de la historia argentina".

Hubo otros dos episodios en la Argentina en donde el mito jesuita tuvo lugar. En 1923 el Vaticano rechazó la propuesta del presidente Marcelo Torcuato de Alvear de nombrar arzobispo de Buenos Aires a Monseñor Miguel de Andrea, un hombre que desarrolló una gran labor social a favor de las clases trabajadoras y de convicciones democráticas. El rechazo provocó una fuerte reacción en la opinión pública y en el Congreso y nuevamente "tronaron las voces que achacaban a los jesuitas el haber urdido una trama oculta para boicotear la nominación de monseñor De Andrea".[10]

Otro hecho fue un tiroteo a las tropas que avanzaban el 6 de septiembre a derrocar al gobierno de Yrigoyen, que tuvo lugar en las inmediaciones del Colegio del Salvador. En los diarios críticos del gobierno caído responsabilizaron a los jesuitas y el colegio fue allanado por la policía.

---

10   Artículo de Roberto Stefano en la Nación (2011).

VEINTIUNO

Los Jesuitas en el Siglo XXI en Santiago del Estero

Los extensos territorios al este del Río Salado se comenzaron a incorporar a la jurisdicción efectiva de la provincia de Santiago del Estero recién a comienzo del siglo pasado. En la primera década de ese siglo se fundan ciudades como Quimili y más adelante otras como Monte Quemado o Pampa de los Guanacos.

Estamos refiriéndonos a tierras donde, en el siglo XIX, se les disputaba el control a las tribus indígenas. En los últimos años del siglo XIX se producen tres hechos importantes para esa enorme región. Uno es la prolongación de las vías del ferrocarril que parte de Santa Fe y llega a Tostado. Desde esta localidad se avanza hacia Salta, y alrededor de las estaciones se irán formando poblaciones, algunas de ellas habían sido fortines en la frontera con los indios del Chaco. Nos referimos a Fortín Inca, Guardia Escolta, Bandera, Averías, Tacañitas, Añatuya, Matará, Suncho Corral, entre otros pueblos. Toda esta vasta región recibió desde el siglo XVI hasta la expulsión de la orden, continuas incursiones de jesuitas intentando pacificar y convertir a las tribus, labor interrumpida hasta la decisión del gobierno nacional de ocupar todo el Chaco.

El segundo fue la cesión de unos cuarenta mil kilómetros cuadrados del Territorio Nacional del Chaco que el presidente Julio Argentino Roca le hace a la provincia durante la gobernación de Adolfo Ruiz. Y el tercero la venta de varios millones de hectáreas de bosques, en esos parajes a un consorcio de inversores de Buenos Aires liderados por el Banco Tornquist.

Esto inicia la explotación forestal en estas tierras, lo que da lugar a que sea uno de los pilares de la economía provincial por varias décadas y un desplazamiento poblacional hacia esos nuevos pueblos.

En 1960 se crea la Diócesis de Añatuya, que abarca todas las poblaciones situadas al este del Río Salado. Hacía tiempo que las grandes compañías se habían retirado de los montes santiagueños, reemplazados por obrajeros locales que nunca reforestaron, e hicieron inversiones para destinar esos campos talados para la ganadería. También hubo una notoria ausencia del estado para invertir en servicios básicos, comenzando por el agua potable, educación con escuelas ranchos y con escaso material didáctico y maestros escasamente capacitados y poca asistencia sanitaria ni preventiva ni para curar.

El obispo tuvo que empezar una tarea que ha fructificado en decenas de escuelas, iglesias, hogares, talleres, comedores, en todos los sitios de su diócesis y para esto pidió que los jesuitas volvieran a donde había estado la reducción de Petacas en el departamento Copo.

A ese lugar llegaron en 1975 el padre Juan Constable y el Hermano Agustín López, al paraje conocido con San José del Boquerón. Muchos de los parajes de Santiago del Estero no son pueblos con traza urbana definida, y menos en ese tiempo en que la gente estaba dispersa en el monte y no pasaban de ser unos conglomerados de ranchos, en que se agrupan familias con lazos de parentesco; por eso cuando llegaron al lugar no encontraron casas y vivieron durante el primer año de su estadía en un hoyo cavado en el suelo.

Gran parte de los pobladores vivía del trabajo golondrina, cosechando en otras provincias, y durante meses mujeres y niños quedaban solos, la cría de algunos cabritos y la elaboración de postes con las maderas de la zona.

Sin caminos, en una región donde había que caminar kilómetros para ir a un escuela, sin asistencia médica, sin teléfonos ahí se ubicaron los padres que iniciaron con su tarea religiosa una intensa labor de integración comunitaria y que hoy se traduce en Iglesia, casa parroquial, escuela, la llegada de la luz, agua, una antena para poder comunicarse con celular, asistencia sanitaria, huertas comunitarias, cría de ganado.

El padre Constable, que ha sido confesor del Papa Francisco, estuvo cuarenta años en San José del Boquerón, sucediéndole como Párroco el padre Marcos Alemán, que está asistido por el Hermano Rodrigo Castells.

Reciben colaboraciones de entidades de Buenos Aires y todos los años un grupo de alumnos de cuarto y quinto año del Colegio del Salvador, el tradicional colegio de los Jesuitas en la ciudad de Buenos Aires viajan hasta este localidad, ubicada a doscientos setenta kilómetros de la capital provincial y unos sesenta de Monte Quemado, dando semanas de sus vacaciones para colaborar con los jesuitas, allí residentes, en tareas comunitarias y en la catequesis.

En la iglesia está la imagen de San José que, encontrada en excavaciones en la antigua reducción de Petacas, fue llevada al Museo Histórico de la Provincia.

Bibliografía

Alen, Luis, "Historia de Santiago del Estero", Ed. Plus Ultra 1992

Bustos Argañarás, Prudencio, "La Fundación de la Universidad de Córdoba", Revista de la Junta de Estudios Históricos de Córdoba Nº 27.

---"Córdoba a Comienzos del Siglo XIX", Ed. del Boulevar, 2014.

Bravo de Zamora, Alberto, "Mamá Antula, la Sierva de Dios", Ed. Jorge Rossi Casa Editorial, 2014.

Cartas Annuas

Chiaramonte, Juan Carlos, "Ciudades, Provincias, Estados, Orígenes de la Nación", Emecé, 2002.

Di Lullo, Orestes, "Reducciones y Fortines", Ediciones Franco Rossi, 2011.

Di Lullo, Orestes, "La Estancia Jesuítica de San Ignacio", Santiago del Estero, 1954.

Di Lullo, Orestes, "Fiestas y Templos Religiosos Populares en Santiago del Estero", 1960.

Di Stefano, Roberto y Zanatta, Loris, "Historia de la Iglesia Argentina, desde la conquista hasta el siglo XX", Ed. Sudamericana, 2000.

Di Stefano, Roberto, "Ovejas Negras, historia de los anticlericales argentinos", Ed. Sudamericana, 2010.

Del Techo, Nicolás S.J., "Historia de la Provincia del Paraguay de la Compañía de Jesús".

Fradkin, Raúl y Garavaglia, Juan Carlos, "La Argentina Colonial, El Río de la Plata entre los siglos XVI y XIX", Ed. Siglo XXI, 2002.

Fraschina, Alicia, "La Expulsión no fue Ausencia, María Antonia de San José Beata de la Compañía, 1730- 1799", Capítulo de "Jesuitas 400 años en Córdoba", Tomo 4, Ed. Universidad Nacional de Córdoba, Universidad Católica de Córdoba, Junta

Provincial de Historia de Córdoba, 1999.

Furlong, Guillermo S.J., "Los Jesuitas y la Cultura Rioplatense", Ediciones Universidad del Salvador, 2014.

---"Cartografía Jesuítica del Río de la Plata", Peuser, 1936.

---"Gaspar Juárez y sus Noticias Fitológicas", Librería del Plata, 1954.

Lacoutere, Jean, "Les Jesuites", Ed. Seuil París, 2003.

---"Los Jesuitas", Vol I y II, Paidós, 1993.

Larriqueta, Daniel, "La Argentina Renegada", Ed. Sudamericana, 2002.

Lozano, Pedro S.J., "Historia de la Compañía de Jesús de la Provincia del Paraguay", Madrid, 1783.

"Historia de la Conquista del Paraguay, del Río de la Plata y Tucumán", Imprenta Popular, 1873 – 75.

"Descripción Dohorográfica del terreno, ríos y árboles, animales"

Lugones, Leopoldo, "El imperio Jesuítico, ensayo histórico", Compañía Sudamericana, 1904.

Maeder, Ernesto, "Los Bienes de los Jesuitas, destino y administración de las temporalidades en el Río de la Plata", Ed. Autores Editores, 2001.

Maneiro, Juan Carlos y Fabri, Manuel, "Vidas de Mexicanos Ilustres del Siglo XVIII", Biblioteca del Estudiante, 1956.

O'Malley, John S.J., "Historia de los Jesuitas (Principio Fundamento)", Ed. El Mensajero, 2014.

O'Malley John SJ "Los Primeros Jesuitas" Mensajero El Mensajero 1993

Páez de la Torre, Carlos "Historia de Tucumán", Centro Editor de América Latina.

Plaza, Josefina y Sartori, Federico, "1610 El Colegio Máximo de la Compañía de Jesús en Córdoba, la construcción de un fallo histórico", Editorial de la Universidad Católica de Córdoba, 2010.

Sáenz Quesada, María, "La Argentina Historia del País y de su

Gente", Ed. Sudamericana, 2012.

Sánchez Albornoz, Claudio, "La Edad Media de España y la Conquista de América", Ed. Cultura Hispánica, 1983.

Villalba Pérez, Enrique, "Consecuencias Educativas de la Expulsión de los Jesuítas", Ed. Nebrija Madrid, 2003.

Wright, Jonathan, "Jesuitas Una Historia de los Soldados de Dios", Ed Debate, 205.

La presente edición de
Los Jesuitas en el Tucumán
se terminó de imprimir en

Jorge Sarmiento Editor

en el mes de abril de MMXIX.

Impreso en Córdoba
Argentina

San Iago *Editora*

JORGE SARMIENTO EDITOR / VNIVERSITAS